D1921027

Kohlhammer

Geschichte in Wissenschaft und Forschung

Tomaso Mattarucco

Mussolinis Faschismus

Militärische und politische Aspekte

Verlag W. Kohlhammer

Für die Opfer des Faschismus
Für die Opfer des Nationalsozialismus
Für die Opfer aller diktatorischen Systeme

Umschlagabbildung: Der Palazzo della Civiltà Italiana hätte auf der Weltausstellung 1942 in Rom den Faschismus verherrlichen sollen. Die Zahl der Rundbogenarkaden entspricht dem Namen Benito Mussolini (sechs senkrecht, neun waagerecht). Foto: Konstantin Malanchev (CC BY 2.0, via flickr.com).

1. Auflage 2022

Gesamtherstellung: W. Kohlhammer GmbH, Stuttgart

Print:
ISBN 978-3-17-042047-2

E-Book-Format:
pdf: ISBN 978-3-17-042048-9

Inhaltsverzeichnis

Einführung

Viele Aspekte und sekundäre Geschichten des Zweiten Weltkriegs sind als Folge einer teilweise simplifizierenden Historiografie entweder untergegangen oder stark verändert in die Geschichte eingegangen. Dieser Umstand darf uns nur bis zu einem gewissen Grad verwundern. Es handelt sich dabei um ein bekanntes Muster, mit welchem entweder klare politische Ziele verfolgt werden oder das aus dem Unverständnis für die Kategorien einer präzisen Geschichtsschreibung herrührt. Es ist jedoch unsere Aufgabe als Bürger und akribisch arbeitende Historiker, die Geschichte und ihre Facetten und Schattenseiten so genau wie möglich zu rekonstruieren und das teilweise änigmatische Verhalten mancher Protagonisten der damaligen Ereignisse zu analysieren, so dass man einen kompletten Überblick gewinnen und die damaligen politischen und militärischen Entscheidungen in ihrer Tragweite nachvollziehen kann.

Man könnte mehrere Beispiele aus der gesamten Geschichte herausgreifen. Wir werden uns auf drei beschränken, die dem Leser nahebringen sollen, wie schnell es geschehen kann, dass bestimmte geschichtsträchtige Ereignisse von der offiziellen Historiografie nicht registriert werden und am Ende ein falsches oder zumindest unscharfes Bild der Wahrheit vermittelt wird. Die folgenden Beobachtungen sind das Produkt von langwierigen Recherchen, die ursprünglich ganz andere Ziele verfolgten, sich jedoch nach einer Weile zu der vorliegenden Abhandlung herauskristallisierten. Die drei ausgewählten Beispiele sollen Folgendes veranschaulichen: Bei einem historisch tradierten Ereignis werden in der Regel weniger bekannte Teilaspekte oder politische Faktoren, Vorüberlegungen oder bloße Missverständnisse ignoriert oder nicht berücksichtigt, was jedoch ein falsches oder, besser gesagt, ungenaues Bild vermittelt.

Im Folgenden sei ein erstes Beispiel erwähnt: Vom Jahr 1618 bis zum Jahr 1648 wütete in Europa und vor allem in Deutschland der 30-jährige Krieg. Es handelte sich um die größte Katastrophe auf deutschem Territorium bis zum Zweiten Weltkrieg, um einen religiösen und konfessionellen Krieg, dessen Akteure natürlich auch solide politische Ziele verfolgten. So strebte der Habsburger Kaiser Ferdinand II. eine gewaltsame Rekatholisierung Deutschlands im Rahmen einer immer stärker werdenden Gegenreformation an; das primäre Ziel bestand in der Unterdrückung reformierter Fürstentümer und ihrer Rückführung in das politische Gefüge des Heiligen Römischen Reichs Deutscher Nation. Nicht nur das Schicksal, das Böhmen und Friedrich V. von der Pfalz ereilte, zeugt von diesem skrupellosen Machtkampf, sondern auch das heftig umstrittene Restitutionsedikt von 1629 ist ein Beweis für dieses politische Vorhaben, welches auch von den Jesuiten gutgeheißen und mit allen Mitteln vorangetrieben wurde. Die vier Phasen des Krieges sind allgemein bekannt. Während der dritten Phase der Auseinandersetzung brach der Mantuaner Erbfolgekrieg (1628–1631) aus. Sicher handelte es sich dabei um einen sekundären Schauplatz, der nicht immer in die Geschichts- oder Lehrbücher Eingang findet. Und doch eignet sich ein bestimmter Vorfall, von dem im Folgenden berichtet wird, bestens zur Veranschaulichung bzw. Konkretisierung, wie ein vernachlässigtes Detail die Deutung ändern kann.

Dies sind die Fakten: Die Hauptlinie des Fürstenhauses Gonzaga starb 1627 mit Herzog Vincenzo II. aus. Wie immer in einem solchen Fall wurden die restlichen europäischen Mächte aktiv, ein Umstand, der sich in dramatischer Weise mit dem spanischen (1701–1713/14), polnischen (1734–1738) und österreichischen Erbfolgekrieg (1740–1748) wiederholen würde. Drei Hauptanwärter stritten um das Mantuaner Erbe: Karl von Gonzaga-Nevers (der französische Kandidat), Ferrante II. Gonzaga (der österreichische Kandidat) und Karl Emmanuel von Savoyen (der spanische Erbanwärter). Man kann leicht konstatieren, dass es eine Art Stellvertreterkrieg *ante litteram* war: Die europäischen Mächte waren eher an der Festung Casale interessiert und unterstützten zwecks taktischer Vorteile die erwähnten Kandidaten. Weiter heißt es in den meisten Geschichten des 30-jährigen Krieges,[1] dass die Republik von Venedig sich auf die Seite Frankreichs schlug, da die venezianischen Strategen und Politiker offiziell eine unkontrollierte Ausdehnung der Habsburger Hegemonie in Norditalien fürchteten. Diese Überlieferung stimmt jedoch in dieser Form nicht. Es dürfte nicht allzu bekannt sein, dass Venedig geheime Pläne verfolgte. Der Politiker und General Zaccaria Sagredo wurde mit dem Feldzug südlich des Gardasees beauftragt und kämpfte anscheinend verbissen gegen die Landsknechte in mehreren Schlachten. Während der Schlacht von Goito im Jahr 1631 gab Sagredo den Befehl zum Rückzug und die österreichischen Söldner blieben die Sieger auf dem Feld.[2] Kurz darauf wurde Sagredo dann des Verrats beschuldigt: Ihm wurde vorgeworfen, ohne triftigen Grund das Schlachtfeld verlassen zu haben, die tatsächliche Lage hätte auf keinen Fall einen Rückzug gerechtfertigt. Der Prozess endete 1631 mit Sagredos Verurteilung. Er wurde zu zehn Jahren Haft verurteilt, mit der Klausel, dass der Senat nur mit einer Zweidrittel-Mehrheit seine frühzeitige Entlassung würde beschließen können. Was überrascht, ist jedoch der Umstand, dass der besagte Sagredo schon im Jahr 1634 – also nur drei Jahre nach seiner Verurteilung – *podestà*[3] von Padua war und somit zum höchsten politischen Amt in der

---

1 Vgl. Arndt, Johannes, 2009. *Der Dreißigjährige Krieg 1618-1648*, Stuttgart: Reclam, S. 85: „In Frankreich setzten erneute Bemühungen ein, in Italien wieder an Gewicht zu gewinnen. [...] Richelieu füllte die kurz zuvor geschlossenen Bündnisse mit Venedig und Savoyen gegen die spanische Dominanz mit Leben durch zwei Ausführungsabkommen."

2 Vgl. Vecchiato, Francesco, 1995. Venezia e i Lanzichenecchi. La viltà di Zaccaria Sagredo, in: Molesti, Romano (Hrsg.): *Tra economia e storia. Studi in memoria di Gino Barbieri*, Pisa: Ipem, S. 469–495.

3 Der *podestà* war ein hoher Magistrat, der ab dem Mittelalter in den italienischen Städten bereits bestehende, aber morsche Institutionen als höchstes Regierungsorgan ersetzte. Ursprünglich kam der *podestà* aus einer anderen Stadt, damit seine Objektivität zur Zeit

Stadt avanciert war. So liegt die Vermutung nahe, dass der General einen geheimen Plan umzusetzen hatte: Der venezianische Senat wollte Frankreich politisch und militärisch schaden, ohne jedoch offiziell das Abkommen bzw. die Allianz mit dem französischen König zu brechen. Eine andere Erklärung für das ambivalente Verhalten Venedigs ist nicht ersichtlich. Die beschriebenen Ereignisse zeigen folglich, dass die Rolle der Seerepublik neu definiert und in diesem speziellen Fall sogar ins Gegenteil verkehrt werden muss.

Einerseits liegt es in der Natur der politischen Strategie, dass die Propaganda eine alternative Wahrheit anbieten muss, andererseits muss die Geschichtsschreibung häufig nur das Essenzielle erfassen, was an sich auf jeden Fall seine Berechtigung hat. Problematisch wird dieser Umstand, wenn Details oder propagierte Wahrheiten das Bild zu arg verzerren oder dieses sogar komplett umgestalten. Sollte einmal klar geworden sein, wie leicht es ist, eine verzerrte Version der Geschichte als amtliche Wahrheit auszugeben, und wie oft solche Neugestaltungen verbreitet wurden, können wir uns dem Hauptthema widmen und ausgehend von dem präsentierten Muster unbekannte oder wenig bekannte Ereignisse im Zweiten Weltkrieg schildern und auf ihren Wahrheitsgehalt hin analysieren. Zunächst aber ein weiterer Fall zur Illustration.

Der erste Italien-Feldzug von Napoleon Bonaparte ist, zumindest in seinen Grundzügen, allgemein bekannt. Am 2. März 1796 erhielt der Korse vom Direktorium den Oberbefehl über die zerlumpten und demotivierten Truppen der Italienarmee, die eine Entlastungsfront im Süden öffnen sollten. Das Kalkül war einfach: Die Habsburger hätten Truppen aus der Rheinfront abziehen müssen, um sich dieser neuen Herausforderung zu stellen. Nach mehreren gewonnenen Schlachten, auch gegen das Königreich Savoyen, zog Napoleon am 15. Mai in Mailand ein. Die Österreicher zogen es vor, sich in das Territorium der Republik von Venedig zurückzuziehen, zumal sie über die strategisch wichtige Festung von Mantua verfügten. Napoleon verletzte die venezianische Neutralität, indem er Ende Mai 1796 nach der erfolgreichen Schlacht von Borghetto sul Mincio nach Verona kam, den *provveditore straordinario* Niccolò Foscarini mit seinem Wutausbruch einschüchterte und Geldzahlungen forderte (auch mit dem Vorwand, dass die venezianische Seerepublik dem Grafen von Lilla Unterschlupf gewährt hatte). Auch sollte der Napoleonischen Armee der Aufenthalt auf dem venezianischen Territorium zur Verfolgung der Österreicher und somit zur Fortführung des Krieges konzediert werden. Abgeschreckt von der dämonischen Entschlossenheit Napoleons, kam der venezianische Senat allen Forderungen nach, mit der Folge, dass die Bevölkerung in Verona den harten Obolus zahlen musste. Die französische Besatzung dauerte mehrere Monate, in denen eine immer wieder

---

der heftigen lokalen Auseinandersetzungen unter den aristokratischen Familien der Stadt nicht getrübt werde. Der *podestà* hatte die Souveränität über rechtliche und militärische Angelegenheiten, sein Aktionsradius war jedoch auf einen klar definierten juridischen Rahmen beschränkt.

aggressive Soldateska Geistlichen und Andersdenkenden mit den Mitteln der Gewalt und des Gesetzes des Stärkeren begegnete. Napoleon muss jedenfalls ein großes propagandistisches Genie attestiert werden: Um die lokale Bevölkerung über die Zahl der französischen Soldaten zu täuschen, ließ der Korse viele Tonnen an Brot mehr bestellen als tatsächlich erforderlich gewesen wären. Das überflüssige Brot wurde einfach weggeschmissen und die Veroneser wurden über die wahre Zahl der Feinde immer wieder getäuscht. Nach den verhängnisvollen Schlachten von Arcole (15.–17. November 1796) und Rivoli (14.–15. Januar 1797) waren die Österreicher von Wurmser und Alvinczy endgültig besiegt. Die Festung von Mantua fiel am 2. Februar 1797.

Nun musste Napoleon folgendes Dilemma lösen: Er strebte einen Waffenstillstand mit den Habsburgern an. Er hätte auch nach Wien marschieren können, jedoch war er sich der beträchtlichen Gefahren dieser Option bewusst. Möglicherweise beabsichtigte er, aus der reichen Lombardei eine Schwesterrepublik zu machen. Was auf jeden Fall vermieden werden sollte, war eine vorsätzliche Verletzung der Neutralität Venedigs; die Folge wäre gewesen, dass er Wortbrüchiger vor den Erzherzog Karl getreten wäre. Genau in diesem angespannten Klima ereigneten sich die sogenannten *Pâsques véronaises* (17.–25. April 1797).

In einer viel beachteten Napoleon-Biografie liest man folgende Zeilen:

> „Nur in Verona kam es zu einem Volksaufstand, dem zahlreiche Soldaten der französischen Besatzungsmacht sowie Einwohner, die mit den Franzosen fraternisiert hatten, zum Opfer fielen. Diese *Pâsques véronaises* lieferten Bonaparte den Vorwand, um dem Direktorium gegenüber die in Leoben bereits vereinbarte Amputation der Republik Venedig zu rechtfertigen“.[4]

Diesen Zeilen ist zu entnehmen, dass die Ereignisse von Ostern 1797 dem Zufall zu verdanken sind und Bonaparte einen willkommenen Vorwand lieferten, den er mit seiner Entschlossenheit und seinem „Riecher“ zu verwerten vermochte. Die Realität sah jedoch ganz anders aus. Napoleon Bonaparte schuf mit Wissen und Wollen diesen „Vorwand“, mit dem mehr oder weniger expliziten Ziel, die Einwohner der besetzten Stadt Verona zu einem Aufstand gegen die Besatzungsmacht zu *zwingen*. Auf diese Weise würde die militärische Intervention der Franzosen legitim sein, auch in den Augen der zukünftigen Bündnispartner, der Habsburger. Napoleon würde folglich zwei miteinander verflochtene Ziele erreichen können: Erstens würde er die Rebellion gegen seine Truppen niederschlagen und somit auch die beeindruckende Überlegenheit des französischen Militärs beweisen; zweitens würde er den Österreichern zeigen, dass die Venezianer sich gegen ihn aufgebäumt hätten. Somit würde es der Senat Venedigs gewesen sein, der die Neutralität verletzt hatte.

Am Morgen des 17. April 1797 konnte man in den Straßen der Stadt ein provokatives Plakat mit folgendem Inhalt lesen:

---

4 Vgl. Willms, Johannes, 2007. *Napoleon. Eine Biografie*, München: Pantheon, S. 146.

„Ein fanatischer Eifer einiger Räuber, die Feinde der Ordnung und der Gesetze sind, regte die leicht gläubige Stadt Bergamo dazu an, gegen ihre legitimen Herrscher zu rebellieren und ein ganzes Netz korrumpierter Mitkämpfer über andere Städte und Gegenden des Staates zu legen, mit dem Ziel, all diese gegen den Prinzipat aufzuhetzen. Daher ermuntern wir alle treuen Untertanen, zu den Waffen zu greifen und die gemeinsamen Feinde zu bekämpfen und zu vernichten; dabei darf niemandem Gnade oder Verzeihung gewährt werden, selbst in dem Fall, dass sich jemand ergeben sollte. Die legitime Regierung wird die Kämpfenden mit Geld und mit regulären Schiavoni-Truppen unterstützen, die bereits im Sold der Republik stehen und mobilisiert wurden. Niemand darf an dem Erfolg dieses Unterfangens zweifeln. Denn wir können allen versichern, dass die Habsburger-Armeen die Franzosen in Tirol und Friaul bereits umzingelt und besiegt haben, so dass sich die Überbleibsel dieser blutrünstigen und irreligiösen Horden bereits im Rückzug befinden, Horden, die mit dem Vorwand der Kriegsführung ganze Länder verwüsteten und die Völker der Republik verführten, obwohl sich diese ihnen gegenüber immer als ehrlich und neutral erwies. So werden die Franzosen an der Unterstützung der genannten Rebellen gehindert und wir warten sogar den günstigen Augenblick ab, in dem wir ihnen den Rückzug, zu dem sie schon verurteilt sind, abschneiden werden. Wir fordern überdies die Bewohner von Bergamo dazu auf, die dem Löwen von St. Markus treu geblieben sind, die Franzosen aus den Städten und den Festungen zu vertreiben, die sie ohne jedes Recht besetzt haben, und sich an unsere politische Kommissare Pico Girolamo Zanchi und Dr. Fisico Pietro Locatelli zu wenden, um die passenden Anweisungen und den Lohn von 4 Lire für jeden Tag in Empfang zu nehmen, an dem sie in diesem Sinne handeln.[5]

Der angebliche Verfasser dieser Zeilen war der hochrangige venezianische Politiker Francesco Battaia. Die meisten Historiker gehen davon aus, dass es sich um eine grobe Fälschung handelt. Battaia war an diesen Tagen nicht in Verona und war sogar seines Amtes bereits enthoben worden; nach der gängigen, allgemein akzeptierten Rekonstruktion wurde dieses Plakat bei einem Fälscher namens

---

5 Agnoli, Francesco Mario, 1998. *Napoleone e le Pasque Veronesi. Quando Verona insorse contro Napoleone 17–25 aprile 1797*, Rimini: Il Cerchio, S. 137 f. Im italienischen Original heißt es: „Un fanatico ardore di alcuni briganti nemici dell'ordine e delle leggi, eccitò la facile Nazione Bergamasca a divenir ribelle al proprio legittimo Sovrano, ed a stendere un'orda di facinorosi prezzolati in altre città e provincie dello Stato, per sommuovere anche quei popoli. contro questi nemici del Principato; noi eccitiamo i fedelissimi sudditi a prendere in massa le armi e dissiparli e distruggerli, non dando quartiere e perdono a chichessia, ancorchè si rendesse prigioniero, certo che si tosto gli sarà dal Governo dato mano e assistenza con denaro e truppe Schiavone regolate, che sono già al soldo della Repubblica e, preparate all'incontro. Non dubiti alcuno dell'esito felice di tale impresa, giacchè possiamo assicurare i popoli che l'Armata Austriaca ha inviluppato e completamente battuti i Francesi nel Tirolo e nel Friuli, e sono in piena ritirata i pochi avanzi di quelle orde saguinarie e irreligiose, che sotto il pretesto di fare la guerra a' nemici devastarono paesi e concussero le Nazioni della Repubblica, che gli si è sempre dimostrata amica sincera, neutrale; e vengono perciò i Francesi ad essere impossibilitati di prestar mano e soccorso ai ribelli, anzi aspettiamo il momento favorevole d'impedire la stessa ritirata, alla quale di necessità sono costretti. Invitiamo inoltre gli stessi Bergamaschi, rimasti fedeli alla Repubblica, e le altre Nazioni a cacciare i Francesi dalla città e castelli, che contro ogni diritto hanno occupato e dirigersi ai Commissari nostri Pico Girolamo Zanchi e Dott. Fisico Pietro Locatelli, per avere le opportune istruzioni e la paga di Lire 4 al giorno per ogni giornata in cui rimanessero in attività. " Die Übersetzung wurde vom Autor angefertigt.

Salvadori vom französischen General Landrieux in Auftrag gegeben und sollte einfach die Gemüter provozieren (außerdem trugen einige Exemplare sogar das Datum vom 21. März, ein Umstand, der die Glaubwürdigkeit des Geschriebenen weiter relativiert oder sogar komplett ad absurdum führt).[6] Obwohl es sich also um eine Fälschung handelt, liest man in den meisten Abhandlungen über den Osteraufstand vom Jahre 1797 und in den Napoleon-Biografien, dass dieser die Rebellion zum Anlass nahm, um seine Pläne zu konkretisieren und zugleich zu legitimieren. Der Unterschied mag nebensächlich erscheinen, aber bei einer genaueren Analyse muss ohne Weiteres konstatiert werden, dass eine Verzerrung des tatsächlichen Sachverhalts aus einer nicht akribisch genug angelegten Geschichtsschreibung resultiert.

Da die Stadtbevölkerung sich jedoch nicht provozieren ließ, befahl der ungeduldige General Balland, auf die Stadt zu schießen, und dies war der wahre Funke, der den Aufstand anzettelte. Es war ein klarer Plan, der brillant, skrupellos und fast perfekt umgesetzt wurde. Die Empörung gegenüber den französischen Besatzungstruppen war so massiv, dass der Aufstand schnell außer Kontrolle geriet und auch die ländliche Umgebung der Stadt erfasste. Über tausend Franzosen wurden gnadenlos ermordet bzw. gelyncht. Am Ende wurde die bewaffnete Rebellion unterdrückt und die Rache des französischen Regimes ließ nicht auf sich warten. Geistliche und einfache Kämpfer wurden zum Tode verurteilt und im Mai und Juni exekutiert, möglicherweise waren viele Unschuldige dabei, jedoch wäre eine Begnadigung in den Augen Bonapartes einem Preisgeben seiner Pläne gleichgekommen. Am 17. Oktober 1797 wurde der Friedensvertrag von Campoformio unterzeichnet, nach dem das Veneto an Österreich abgetreten wurde (bis 1805 und dann wieder ab 1815 bis 1866), während die Lombardei zu einer Schwesterrepublik gemacht wurde.

Ein drittes Beispiel soll im Rahmen dieser Einführung thematisiert und kommentiert werden. Der Weg in die Unabhängigkeit Italiens war eine komplexe Verflechtung von Kriegen, gewonnenen und verlorenen Schlachten, Intrigen und Rückschlägen. Dabei wurde die Savoia-Dynastie beinahe vergöttert (als der italienische Anarchist Giovanni Passannante 1878 ein Attentat auf Umberto I. verübte, sagte die Königin: „Der Zauber der Dynastie ist wohl vorbei“. Die drei Unabhängigkeitskriege galten vor allem der Habsburger-Monarchie. Diese Unabhängigkeitskriege (der erste brach 1848 aus und endete ein Jahr später mit einem Debakel, der zweite wurde 1859 ausgefochten, wodurch Piemont die Lombardei erhielt, und 1860 fand der berühmte Zug der Tausend unter der Ägide von Giuseppe Garibaldi statt) waren der verzweifelte Versuch der Savoyen, in Anlehnung an das Beispiel Preußens die politische und militärische Suzeränität über den Rest der Halbinsel zu erlangen und somit einen historisch bedeutenden Pro-

6 Vgl. ebenda, S. 138 f.

zess zu initiieren, der zwar eine gewisse Verspätung im Vergleich zu den anderen europäischen Mächten aufwies, jedoch von allen zeitgenössischen Beobachtern und Analysten als zukunftsweisend und weichenstellend betrachtet wurde.

Im Rahmen des dritten Unabhängigkeitskrieges im Jahre 1866 verbündeten sich die Italiener mit den starken Preußen, die unter der Führung von Helmuth von Moltke (1800–1891) die kleindeutsche Lösung vorantreiben wollten und sich als hegemoniale Macht in Deutschland zu etablieren beabsichtigten. Die gängige, auch an italienischen Schulen vermittelte Interpretation der Ereignisse jener Jahre will, dass die tapferen Italiener die Südfront übernahmen, eine Art Parallelkrieg zu den Preußen führten und sich vom österreichischen Joch befreiten. Unternimmt man eine Reise nach Norditalien, sieht man an mehreren Orten Gedenktafeln, welche mit pathetischen Worten die Heldentaten jener Tage verewigen.[7] In einem eigentlich recht gut recherchierten Sachbuch zum Jahre 1866 liest man:

> „Russland und Frankreich durften keinesfalls sofort in den Konflikt intervenieren, so hatte es der 66-jährige von Moltke in seiner Winterdenkschrift wenige Monate zuvor ausgeführt, während Österreich unbedingt durch Italien militärisch gebunden werden musste. Eine Allianz Preußens mit dem neuen Königreich im Süden würde den Gegner rund 90.000 Mann kosten, kalkulierte der gebürtige Mecklenburger und Wahlpreuße, der 1822 aus der dänischen Armee in die Dienste der Hohenzollern getreten war."[8]

In der Tat wurde das militärische Abkommen am 8. April 1866 mit dem Segen des französischen Kaisers Napoleon III., des damaligen Beschützers Italiens, unterzeichnet. Das Abkommen sah außerdem vor, dass die Allianz innerhalb von drei Monaten außer Kraft gesetzt werden sollte, sollte Preußen bis dahin Österreich nicht den Krieg erklären.[9]

Eigentlich scheint der Fall klar zu sein. Habsburg-Österreich befindet sich zwischen zwei Fronten: Preußen im Norden will ausgehend von einer pangermanistischen Ideologie das Zweite Reich gründen und Piemont im Süden strebt die lang ersehnte Einheit der Nation an. Es entstand folglich eine nahezu natürliche Allianz gegen den gemeinsamen Feind: Österreich. Und doch vergessen Lehrbücher und populärwissenschaftliche Sachbücher zu diesem Thema ein

---

7 In Verona ist solch eine Gedenktafel im Zentrum zu finden, welche lautet: „In questa casa Carlotta Aschieri venticinquenne e incinta cadde trucidata dagli austriaci, ultimo sfogo di moribonda tirannide, 6 ottobre 1866". Auf Deutsch heißt es: „In diesem Haus wurde Carlotta Aschieri, 25-jährig und schwanger, von den Österreichern massakriert, der letzte Akt einer sterbenden Tyrannei, 6. Oktober 1866."

8 Vgl. Bremm, Klaus-Jürgen. 2006. *1866. Bismarcks Krieg gegen die Habsburger*, Darmstadt: Theiss, S. 105 f.

9 Vgl hierzu Petacco, Arrigo, 2010. *O Roma o morte. 1861–1870, la tormentata conquista dell'unità d'Italia,* Milano: Mondadori, S. 76–78.

wichtiges Detail, das beim genaueren Hinsehen die gesamte Rekonstruktion revidieren lässt.[10] Die Habsburger Regierung bekam Wind von der beabsichtigten Allianz zwischen Piemont und Preußen und wandte sich an Napoleon III. mit folgendem Vorschlag: Wenn Frankreich Italien zu einem neutralen Verhalten überreden würde, würde Wien als Gegenleistung das Veneto an Paris abtreten (und die französische Regierung würde Italien das Veneto schenken). Auch unmittelbar vor dem Ausbruch des Krieges konfrontierte Wien die Regierung in Florenz (seit 1865 italienische Hauptstadt) mit mehreren Vorschlägen für eine friedliche Lösung, die jedoch von den italienischen Behörden abgelehnt wurde. Italien wollte anscheinend den Krieg. Der Vorschlag, das Veneto ohne Kampfhandlungen zu bekommen, wurde von den meisten Politikern fast als Beleidigung aufgefasst (der bekannte General La Marmora sagte dazu, dass diese Lösung mit seiner Ehre als Soldat inkompatibel wäre). Die Wahrheit ist, dass Italien noch kein wirklich vereintes Land war: Es handelte sich weniger um einen Vereinigungsprozess als um eine Piemontisierung des Landes und die Politiker in Florenz waren offenbar der Meinung, dass ein Krieg, also ein mit dem eigenen Blut erobertes Veneto, die Soldaten und die Bevölkerung mehr zusammenschweißen würden als friedliche Lösungen am Diplomatentisch. Ein indirekter Beweis dieser Annahme ist der Umstand, dass der preußische Generalstab die militärischen Pläne für die Kriegsführung mit den italienischen Generälen abstimmen wollte, sich diese jedoch kategorisch weigerten, da dies angeblich eine Relativierung und eine Verminderung ihres Prestiges bedeutet hätte. Diese Entscheidung des italienischen Militärs bzw. der Regierung lässt das faktische Militärbündnis mit Preußen in einem neuen Licht erscheinen." Die Soldaten und die Zivilisten, die im verhängnisvollen Jahr 1866 fielen, wurden sinnlos in den Tod geschickt.

Leider erwies sich dieser übertriebene Stolz als fehl am Platz: Während die Preußen einen brillanten Feldzug unternahmen und am 3. Juli 1866 die Feinde bei der Schlacht von Sadowa besiegten, wurden die Italiener an Land (Schlacht von Custoza, 23. Juni 1866) und auf See (Schlacht von Lissa, 20. Juli 1866)[11]besiegt – sie bekamen jedoch dank des Siegs der Verbündeten trotzdem das Veneto.

Die Liste der großen und kleinen Ereignisse, die im Laufe der Zeit und der Tradierung modifiziert oder ausgelassen bzw. vergessen wurden, ließe sich fortsetzen. Manchmal sind es unbedeutende Details, manchmal sind es aber wichtige Aspekte. Zum Beispiel haben einige Historiker herausgearbeitet, wie schamlos falsch die Darstellung der Flucht aus Dünkirchen in den damaligen britischen

---

10 Auch in dem populärwissenschaftlichen Werk *Die Welt der Habsburger. Glanz und Tragik eines europäischen Herrscherhauses* (hrsg. von Pieper, Dietmar und Salzwedel, Johannes, 2020. München: Penguin) wird dies mit keinem Wort erwähnt.

11 Interessant ist die Aussage des Flottenkommandanten Wilhelm von Tegetthoff, welcher nach der gewonnenen Schlacht gegen den Admiral Persano nach Wien telegrafierte und über die eigenen Seeleute und die Italiener sagte: „Männer aus Stahl auf hölzernen Schiffen siegten über Männer aus Holz auf stählernen Schiffen." Vgl. Montanelli, Indro, 2011. *Storia d'Italia.* Bd. 9: *L'Italia dei notabili, 1861-1900*, Milano: BUR, S. 84.

Zeitungen war: Dank der perfekten Ausführung des Plans *Sichelschnitt* im Jahre 1940 wurden die Briten von den Panzerdivisionen der Wehrmacht abgeschnitten, was sich in eine unkoordinierte und total chaotische Flucht der alliierten Soldaten von Dünkirchen aus in Richtung Britische Inseln verwandelte. Betrunkene und gewalttätige britische, französische und senegalesische Soldaten zogen plündernd und terrorisierend um die Häuser, die evakuierten Soldaten warfen ihre Gewehre aus den Fenstern der Züge heraus und weigerten sich, weiterzukämpfen. Das Verdienst der britischen Presse lag darin, dass sie aus einem derartigen Debakel einen heroischen Akt machte, ihre Darstellung schilderte die Fakten so, dass die Wahrheit aus propagandistischen Gründen verborgen wurde. Die Rede war von heroisch kämpfenden Soldaten, die sich dem Feind stellen, um den Rückzug der Kameraden zu decken. Heute wissen wir, dass Hitler den Befehl gegeben hatte, die britischen Soldaten zu schonen, weil er immer noch auf eine Einigung mit der britischen Regierung hoffte und somit ein klares Signal in Richtung London senden wollte.[12] Natürlich ist die propagandistische Ebene eine wichtige Waffe im Krieg, vor allem damals in einem so gerechten Kampf gegen Nazi-Deutschland, jedoch ist es auch von Bedeutung, dass die Historiografie irgendwann ins Dunkle der Lügen Licht bringt und diese nicht einfach aus Desinteresse perpetuiert.

An dieser Stelle möchten wir von diesen Beispielen zum eigentlichen Thema dieses Buchs überleiten. Genau wie bei den oben geschilderten Ereignissen sind zur Vorkriegszeit und zum Zweiten Weltkrieg viele Handlungen und Entscheidungen bzw. Zusammenhänge dermaßen schematisch und ungenau erfasst worden, dass eine Präzisierung der Hintergründe als notwendig erscheint. Es sind manchmal nur Details, die jedoch von größter Bedeutung sind. Mit anderen Worten: Genauso wenig bekannt oder erforscht wie die Hintergründe des Agierens Venedigs im 30-jährigen Krieg sind (auch unter Historikern) einige Hintergründe des italienischen Faschismus, darunter Mussolinis Nahost-Politik oder sein exterminatorischer Antisemitismus. Die vorliegende Einführung beabsichtigt eine Parallelisierung der Ungenauigkeiten der Geschichtsschreibung, so dass eine ausführlichere Auseinandersetzung mit dem Thema als unentbehrlich kategorisiert werden muss.

Inspiriert wurde dieses Buch von mehreren Beiträgen des inzwischen verstorbenen Journalisten und Historikers Arrigo Petacco (1929–2018) zur Geschichte des Faschismus und des Zweiten Weltkrieges. Insbesondere die Abhandlung *La storia ci ha mentito* (2015) hat beim Autor dieses Buches die Idee gezündet, nach Petaccos Vorbild inzwischen vergessene oder als überflüssig betrachtete Ereignisse zu revitalisieren und, wenn man es so will, unsere Perspektive auf diese zu korrigieren, damit die Protagonisten ihre nicht unwichtige und ihnen zustehende Stellung in der Geschichte des 20. Jahrhunderts wiedererlangen.

---

12 Vgl. Petacco, Arrigo, 1995. *La nostra guerra 1940–1945*, Milano: Mondadori, S. 33–35.

Eine letzte Anmerkung zur vorliegenden Studie: Diese beansprucht akademischen Charakter und ist unter anderem als Ergänzung und Vertiefung des 2016 von uns publizierten Bandes *Mussolini und seine Zeit. Betrachtungen über den italienischen Faschismus* gedacht, in dem einige Themen nur gestreift oder gar nicht erwähnt wurden, die nun jedoch wiederaufgegriffen und genauer analysiert werden. Man beachte, dass sich am Ende dieses Buches (Anhang I) ein Verzeichnis mit Kurzbiografien der wichtigsten Persönlichkeiten befindet, die im Rahmen unserer Argumentation erwähnt werden. Dies soll dem Leser helfen, die genannten Akteure besser einzuordnen.

Eine weitere wichtige Anmerkung ist an dieser Stelle opportun: Der Autor dieses Buches tritt überzeugt für die freiheitlich-demokratische Ordnung ein. Wenn wir Mussolini und den Faschismus zum Objekt unserer Forschung machen, dann geschieht das, weil wir ohne Kenntnisse bzw. Analyse der Vergangenheit riskieren, die gleichen Fehler zu begehen wie früher. Wenn man die Vergangenheit nicht kennt, wird sich die Geschichte wiederholen.

Mussolini war ein Diktator und ein Gewaltherrscher. Eine davon abweichende Behauptung würde dem Phänomen „Faschismus" nicht gerecht werden. Es ist unsere Pflicht, seine Verbrechen aufzudecken, das Inakzeptable in seiner antidemokratischen Weltanschauung zu zeigen und ihn moralisch und historisch zu verurteilen. Gerade deswegen ist eine akribische Geschichtsforschung, die alle Aspekte berücksichtigt und alle Fragen beantwortet, essenziell und unabdingbar. Dies gilt auch für die im zweiten Kapitel enthaltene Feststellung von Mussolinis späterem Antisemitismus. Wenn wir als Produkt unserer Recherchen konstatieren, dass sich der italienische Diktator erst zu einem späteren Zeitpunkt, als man gewöhnlich annimmt und aus politischen Gründen für den antisemitischen Weg entschied, soll das auf keinen Fall eine Art Rehabilitierung sein. Im Gegenteil liegt darin der Beweis, dass das Schicksal der Juden dem Diktator gleichgültig war und dass er ein ganzes Volk zu seinen egoistischen und kriminellen Zwecken instrumentalisierte. Dieser Umstand kommt eher einer historischen und moralischen Verurteilung gleich und lässt keine Möglichkeit einer – von unserer Seite auf keinen Fall beabsichtigten – Legitimierung seines Verhaltens offen. Wenn wir durch unsere Analyse im dritten Kapitel zu dem Schluss kommen, dass Mussolini nicht aus einer Laune heraus den Befehl zum Angriff auf Griechenland erteilte, sondern weil er strategische Ziele verfolgte, heißt das nicht, dass er zu Recht gehandelt hat. Nein, es heißt, dass er als Diktator und uneingeschränkter Herrscher und in seinem Größenwahn eine bestimmte Strategie verfolgte und dem Verbrecher Hitler gefallen wollte. Mehr nicht. Wenn wir feststellen, dass sich der Faschismus von Nationalsozialismus unterscheiden lässt (diese Unterscheidung wird unter anderem von der jüdischen Philosophin Hannah Arendt vertreten), dann soll dies nicht bedeuten, dass das Phänomen „Faschismus" besser war als der Nationalsozialismus. Nein, es bedeutet lediglich, dass wir Geschichtsschreibung betreiben, dass wir zu einem besseren Verständnis *sine ira et studio* differenzieren wollen, dass wir sachlich und nüchtern einige

Unterschiede konstatieren und nach dem Grund fragen. Auf die Gefahr der Wiederholung hin oder die Pointe gleich zu verraten, möchten wir auf diese Weise fortfahren: Wenn wir in einer alten, unbekannten Autobiografie einer Zeitgenossin lesen, dass Mussolini vielleicht (was zuerst endgültig bewiesen werden sollte) vom Attentat auf Hitler Wind bekommen hatte, heißt das, dass er ein Gegner Hitlers war? Nein, es heißt, sollte dies der historischen Wahrheit entsprechen, dass er hoffte, dadurch einen für ihn bereits verlorenen Krieg zu beenden und sich vielleicht mit einer Gefängnisstrafe zu retten. Das relativiert auf keinen Fall seine Schuld. Das ist keine Absolution. Das ist einfach der Versuch der Erforschung seiner psychologischen Lage in diesem bestimmten Augenblick der Geschichte. Mehr nicht. Wenn manche Mussolini-Forscher die Ansicht vertreten, Mussolini habe vom Matteotti-Mord nichts gewusst und ungeplant die Diktatur eingeführt (eine These, die wir übrigens ablehnen), bedeutet das längst nicht, dass die in Frage kommenden Forscher Mussolini-Anhänger sind oder dass sie Geschichtsrevisionismus bezwecken oder gar betreiben. Sie stellen lediglich eine Theorie auf, damit die Fakten interpretiert werden. Sogar der Mussolini-Gegner Carlo Silvestri glaubte in diesem speziellen Fall an eine andere Version der Ereignisse, zumindest nach dem Krieg.

Die Familie des Autors des vorliegenden Buches hat unter dem Nazifaschismus sehr gelitten. Was in der vorliegenden Studie beabsichtigt wird, ist eine moralische, historische und politische Verurteilung der Diktatur als Staatsform und historisches Phänomen, egal welche Farbe diese hat. Aber gerade deswegen ist ein nüchterner Blick in Richtung Faschismus die Bedingung, die *conditio sine qua non*, denn diese Verurteilung resultiert klar und deutlich aus den von uns angeführten Argumenten. Das ist übrigens auch eine Möglichkeit, die historische Leistung der Widerstandsbewegung zu würdigen. Der Faschismus hat Tod und Zerstörung über Italien und Europa gebracht. Eine klare Verurteilung vor der Geschichte ist eine Selbstverständlichkeit. Nur eine Staatsform kann für uns in Frage kommen: die pluralistische Demokratie. Und das hat uns unter anderem die Geschichte beigebracht. Wir stehen zu den demokratischen Werten der Toleranz, der Freiheit, der Philanthropie, der Solidarität und des Pazifismus. Es wird Zeit, dass die Menschen ihre mentalen und nationalen (und nationalistischen) Grenzen überwinden und sich als Teil *einer* Menschheit betrachten. Gerade weil die Demokratie in vielen Ländern leider unter Druck ist, ist diese Studie auch als Warnsignal zu verstehen.

1 Benito Mussolini und der Matteotti-Mord

Am 28. Oktober 1922 erfolgte die Machtergreifung der faschistischen Bewegung. Dies war eine der vielen Konsequenzen des Ersten Weltkrieges, in dem sich eine bestimmte Art der Kriegsführung als obsolet erwies: Maschinengewehre mähten Tausende von Soldaten nieder, deren Offiziere noch mit gezücktem Schwert zu den feindlichen Linien rannten. Panzerwagen wurden zum ersten Mal eingesetzt, Flugzeuge dienten zum ersten Mal militärischen Zwecken, Millionen von Menschen wurden entrechtet und zwangsumgesiedelt, überall auf der Welt waren die Länder in Waffen. Die kriminelle Gaswaffe, die die Lunge der Soldaten wortwörtlich zerriss, wurde an verschiedenen Fronten eingesetzt. Es war eine regelrechte Zäsur, nicht nur in der Militärgeschichte, sondern auch und vor allem in der Geschichte der Menschheit.

Italien trat im Mai 1915 als Folge des Londoner-Abkommens in den Krieg auf der Seite der Entente ein, obwohl die Regierung in Rom seit dem Jahr 1882 einen Vertrag mit Österreich-Ungarn und dem Deutschen Reich hatte. Die italienische Front war aufgrund ihrer geografischen Merkmale eine der objektiv schwierigsten. Nach den Unabhängigkeitskriegen fehlten zur vollkommenen Vereinigung nur Trient und Triest, so dass manche italienischen Historiografen den Ersten Weltkrieg als vierten Unabhängigkeitskrieg bezeichnen. In Wien war man sich der Schwierigkeiten bewusst, außerdem ahnte man damals in der Welt der Diplomatie, dass dies der letzte Versuch des Vielvölkerstaates Österreich sein würde, seine „historische Mission“ zu retten. Der Generalissimus Luigi Cadorna wurde mit dem Oberbefehl beauftragt und schickte Millionen von Infanteristen bei absurden Frontalangriffen in den Tod (die österreichische Propaganda zeigte italienische Soldaten mit Löwenkopf, geführt von Offizieren, die Eselsmerkmale aufwiesen). Die zwölf Isonzo-Schlachten und die historische Niederlage von Caporetto (Oktober 1917) sind heute noch klare und unheimliche Begriffe im kollektiven Gedächtnis der Italiener.

Nach Kriegsende brachen vier Reiche zusammen, Österreich wurde zu einer Republik und Italien bekam Trient und Triest (aber nicht Fiume, das im Jahre 1919 zunächst vom aristokratischen Dichter Gabriele D'Annunzio besetzt und erst 1924 von Italien annektiert wurde). Trotz der Gründung des Völkerbundes war die politische, wirtschaftliche und soziale Situation überall in Europa extrem prekär. Es waren nicht nur die als ungerecht empfundenen Klauseln des Versailler-Vertrages, es war auch die Gefahr des aufkommenden Bolschewismus, die vielen Industriellen und sogar der königlichen Familie der Savoia Angst machte. Die beiden Jahre 1918–1920 werden immer noch als „die roten Jahre“ bezeichnet, eine Zeit, in der Streiks fast an der Tagesordnung waren und physische Auseinandersetzungen zwischen Rechten und Linken auf den Straßen das Land erschütterten. Die Roten wollten angeblich so verfahren wie in Russland.

Die ehemaligen tapferen Soldaten wollten und konnten sich nicht mehr in das bequeme bürgerliche Leben einfügen, sie hatten die Sprache der Gewalt gelernt, sie waren psychisch zerrüttet und wollten den traditionellen Parteien keinen Glauben mehr schenken.[13] Das war ein Phänomen, das der bereits bekannte Benito Mussolini (29. Juli 1883 – 28. April 1945) zu nutzen wusste. Viele Historiker sind sich darüber einig, dass das ursprüngliche Programm der am 29. März 1919 in Mailand gegründeten faschistischen Bewegung so unpräzise und nebulös war, dass es nahezu alle Kategorien von zur Gewalt neigenden, enttäuschten und zur radikalen Veränderung willigen Menschen anziehen musste. So wurde aus der Partei ursprünglich ein Pandämonium von Linken, Rechten, ehemaligen Sturmtruppen, Unzufriedenen. Drei Jahre später war die Bewegung an der Macht.

Schon hier muss man sich jedoch klar vergegenwärtigen, dass die Machtergreifung der Faschisten kein Militärputsch im herkömmlichen Sinne war. Sicher waren mit Knüppeln bewaffnete Faschisten unterwegs gewesen und sie hatten die politischen Feinde eingeschüchtert, aber es ist ebenso festzuhalten, dass Mussolini mit mehr oder weniger demokratischen Mitteln an die Macht kam (ähnlich wie später sein Verbündeter Hitler), da er als gewiefter Politiker auch

---

[13] So schreibt der Faschismus-Forscher Renzo De Felice (2019, *Mussolini il Fascista. La conquista del potere 1921-1925,* Torino: Einaudi, S. 389): „Un profondo senso di stanchezza pervadeva ormai tutti. La tensione morale, i grandi ideali si erano dissolti e avevano fatto posto ad uno stato d'animo di depressione, di sconforto, di confusione, al quale si sottraevano solo piccole élites, dalle idee per altro spesso poco chiare e contradditorie e con scarsi legami con le masse. L'unica di queste élites che avesse una certa consistenza era il Partito comunista [...]. In questo stato d'animo di depressione, di sconforto, di confusione un solo sentimento era chiaro, la stanchezza: succedesse ciò che doveva succedere, purché finisse l'insicurezza, cessassero le violenze, tornassero l'ordine e la prosperità economica. Poco importava chi l'avesse fatto. La vecchia classe dirigente liberaldemocratica, specie dopo le manifestazioni di debolezza e di scarsa capacità di intendere la nuova situazione scaturita dalla guerra, godeva di ben scarso prestigio [...]. Rimanevano i fascisti. Anche per essi vi erano dubbi, incertezze, avversioni di tutti i generi. Erano però i più forti [...] e soprattutto erano un partito *nuovo*."
Übersetzung: „Ein tiefes Gefühl der Müdigkeit war der gemeinsame Nenner von allen. Die moralische Anspannung und die großen Ideale hatten sich komplett aufgelöst und waren durch Gefühle wie Depression, Traurigkeit, Verwirrung ersetzt worden, gegen welche nur wenige kleine Eliten immun waren, deren Ideen überdies oft unklar und widersprüchlich und von den Bedürfnissen der Massen weit entfernt waren. Die einzige dieser Eliten mit einer gewissen Substanz war die kommunistische Partei [...]. In dieser Situation, in der Depression, Traurigkeit und Verwirrung grassierten, war ein Gefühl sehr deutlich: die Müdigkeit. Es möge das geschehen, was geschehen musste, aber dafür sollten die Unsicherheit aufhören, die Gewalt gestoppt werden, die Ordnung und die wirtschaftliche Prosperität wiederkehren. Es war eher unwichtig, wem man dafür zu danken hatte. Die alte liberaldemokratische Elite genoss sehr wenig Prestige, vor allem nach der Schwäche und die Unfähigkeit, die sie an den Tag gelegt hatte, die neue nach dem Krieg entstandene Lage der Nation zu verstehen [...]. Es blieben die Faschisten. Auch in Bezug auf diese galten Zweifel, Unsicherheiten und Vorbehalte jeder Art. Aber sie waren die stärksten [...] und vor allem waren sie eine *neue* Partei."

langfristig eine Art Legitimation für seine Partei benötigte. Am 29. Oktober 1922 hatte die Regierung Facta ihren Rücktritt angekündigt und Mussolini wurde daraufhin von König Vittorio Emanuele III. (1869–1947) einbestellt, der den späteren sogenannten „Duce“ mit der Einrichtung eines neuen Kabinettes formal beauftragte.[14] Normalerweise wird Mussolini als machtbewusster Putschist dargestellt, welcher die damaligen Linken unterdrückte und verfolgte. Das ist auch historisch richtig. Aber in dieser Anfangsphase wollte er als ehemaliger Sozialist auch Mitglieder der sozialistischen Bewegung in die Regierung rufen. Mussolini war auch Maximalist gewesen (eine Parteiströmung, die die kompromisslose Verwirklichung des sozialistischen Staates bezweckte) und die Behauptung, dass seine Bewegung schon vom Anfang an antisozialistisch eingestellt und rassistisch gefärbt war, stimmt in dieser Form nicht. Auf der dem König präsentierten Liste sind Namen von Politikern, die der liberalen und demokratischen Richtung zuzuordnen sind (wie zum Beispiel Gabriello Carnazza, Teofilo Rossi, Giovanni Antonio Colonna di Cesarò und Giuseppe De Capitani d'Arzago).

Natürlich waren mehrere unruhige Elemente in der Partei, die auch in einer langfristigen Perspektive Mussolini beschädigen und scharf kritisieren sollten. Es sei in diesem Kontext exemplarisch auf Roberto Farinacci hingewiesen, der sich als der Chef des extremistischen Flügels der Partei ansah, sich immer wieder bedenkliche Äußerungen erlaubte und während des Krieges eine pro-nationalsozialistische Haltung annahm. Seine Anhänger wollten sogar eine zusätzliche Radikalisierung der Bewegung und einen schnellen Abbau der demokratischen Institutionen. Mussolini war jedoch auf eine Normalisierung bedacht und wollte folglich die Partei zumindest teilweise nach links orientieren, um mit der Opposition in seinen Augen konstruktive Politik zu betreiben. Im April 1924 gewann Mussolini die Wahl und war bereit, nichtfaschistische Mitglieder zu Ministern seines Kabinettes zu machen. Seine Regierungsliste gewann mit 4.305.936 Stimmen (66,3 % der Stimmen).

---

[14] Es dürfte wenig bekannt sein, dass Vittorio Emanuele III. der Sohn von Umberto I. (1844–1900) war, welcher am 29. Juli 1900 dem vom Anarchisten Gaetano Bresci organisierten und durchgeführten Attentat in Monza zum Opfer fiel. Damit wollte Bresci die gewaltsame Unterdrückung des Volksaufstands vom Jahr 1898 (6.–9. Mai) in Mailand rächen, als der General Bava Beccaris (1831–1924) den Befehl gegeben hatte, auf die unbewaffnete Menge zu schießen. Umberto I. hatte ihm trotz des hohen Blutzolls (83 tote Demonstranten) im Namen der Dynastie gratuliert und ihn ausgezeichnet. Vittorio Emanuele III. befand sich zur Zeit des Attentats auf Kreuzfahrt mit seiner Lebensgefährtin Elena; seine Yacht wurde nach Reggio Calabria umgeleitet, wo er erfuhr, dass er der neue König Italiens geworden war. Vgl. Petacco, Arrigo, 1969. *L'anarchico che venne dall'America. 29 luglio 1900: Umberto I è ucciso a Monza. Da chi? Come? Perché? La prima biografia di Gaetano Bresci*, Milano: Mondadori. Benito Mussolini kritzelte als junger Mann und Sozialist die Worte „Monumento a Bresci“ (Denkmal für Bresci) auf das Gitter der Erinnerungskapelle in Monza. Vgl. Montanelli, Indro, 2011. *Storia d'Italia.* Bd. 9: *L'Italia dei notabili, 1861–1900*, Milano: BUR, S. 345.

Am 10. Juni 1924 geschah jedoch ein Mord, der monatelang sowohl Italien als auch ganz Europa zu Recht erschütterte und die Position Mussolinis als Regierungschef zutiefst ins Wanken brachte. Die Thematisierung und die Analyse dieses Geschehnisses sind essenziell, um den weiteren Weg des Faschismus zu verstehen, auch weil einige Historiker oft zu falschen Schlussfolgerungen kommen.

Giacomo Matteotti war ein mutiger sozialistischer Politiker, welcher die Angebote Mussolinis sehr skeptisch sah und ihm und seinem Gefolge sehr ablehnend gegenüberstand. Er sah in einer eventuellen Normalisierung der Folgen der Machtergreifung eine konkrete Gefahr für die liberalen Institutionen und primär für den Sozialismus. Er war selbst Zeuge von Intrigen im Parlament gewesen und hatte zugesehen, wie seine Parteigenossen die Einladungen und die Aufrufe zur Zusammenarbeit mit dem Faschismus ohne Weiteres annahmen. Er befürchtete eine allzu bunte Regierung, deren Konstellation es der wahren Opposition schwierig gemacht hätte, extremistische Entscheidungen zu bekämpfen und eine klare Front gegen die faschistischen Abgeordneten aufzubauen. Matteotti war ein ehrlicher, intelligenter und demokratisch denkender Mann, der zum illustren Opfer des Faschismus wurde. An dem bereits erwähnten Tag wurde er von fünf Männern entführt und im Auto ermordet. Die Leiche wurde in einem Wald unweit von Rom begraben und erst im August von einem Jagdhund entdeckt. Dieser Mord wurde direkt Mussolini angehängt, viele warfen das Parteiabzeichen weg und wandten sich vom Faschismus ab. Eine wahre – und berechtigte – Empörungswelle ging durch das Land, so dass Mussolini sogar über einen Rücktritt nachdachte. Auch später wurden diejenigen Mitglieder der faschistischen Partei, die im August 1924 eingetreten waren, bei öffentlich anberaumten Prüfungen oder Ähnlichem begünstigt und bevorzugt, da sie besondere Linientreue bewiesen hatten.

Die Täter hatten so viele dilettantische Spuren hinterlassen, dass es für die Polizei keine große Herausforderung war, sie zu identifizieren. Es handelte sich um ein fünfköpfiges Kommando: Amerigo Dumini, Albino Volpi, Giuseppe Viola, Augusto Malacria und Amleto Poveromo (vielleicht auch Filippo Panzeri). Alle waren Mitglieder einer Geheimpolizei namens Ceka (nicht zu verwechseln mit der gleichnamigen politischen Polizei in der Sowjetunion; zur italienischen Ceka gehörten außerdem Aldo Putato und Otto Thierschwald), die nach dem 6. April 1924 gegründet worden war. Sie wurden verhaftet, vor Gericht gestellt und zu milden Strafen verurteilt. Roberto Farinacci verteidigte sie als Anwalt vor Gericht.

Dem heutigen Beobachter stellt sich die Frage, ob Mussolini vom Mord wusste, ob er den Befehl gegeben hatte bzw. ob er die Täter protegierte. Die Rekonstruktion ist recht schwierig, aber es sind verstreute Indizien vorhanden, die bestimmte Annahmen plausibilisieren. Es sei gleich darauf hingewiesen, dass der Fall Matteotti im Hinblick auf Hintermänner nie aufgeklärt wurde. Die Auftragsgeber blieben unentdeckt.

Ein paar Tage vor dem Mord, am 30. Mai 1924, hatte Matteotti im Parlament eine aggressive, aber politisch wegweisende Rede gehalten, die nun in Auszügen wiedergegeben wird:

> „Wir widersprechen der Validität dieser Wahl und der Mehrheit des Parlamentes. [...] Die Wahl ist unserer Meinung nach nicht gültig, [...] da die Wähler ihre Rechte nicht frei wahrnehmen konnten. [...] Es existiert eine bewaffnete Miliz, die aus Bürgern einer einzelnen Partei besteht, welche die explizite Pflicht hat, eine bestimmte Regierung mit den Waffen zu verteidigen, selbst für den Fall, dass der Konsens fehlt. [...] Die Faschisten hatten im Vorfeld sowieso behauptet, dass die kommende Wahl eine relative Gültigkeit besitzt, in dem Sinne, dass sich die Regierung an das Ergebnis nicht gebunden fühlt, dass sie auf jeden Fall die Macht behalten würde, notfalls mit den Waffen. [...] In Apulien wurde ein Notar sogar verprügelt. [...] Sie wissen besser als ich, dass in einem Gewaltregime [...] die Anklage und der formale Einspruch nicht möglich sind."[15]

Matteotti plädierte weiter für die sofortige Wiederherstellung der Autorität des Staates und dessen Moralität als Leitfaden für das politische Leben des Landes. Niemand dürfte mehr Opfer oder Untertan einer autokratischen Regierung sein. Es war eine lange und polemische Rede, die immer wieder von den Buhrufen der Mehrheitsabgeordneten unterbrochen wurde. Ein paar Tage später sagte Mussolini, dass dieser Mann nach so einer Rede nicht mehr frei herumlaufen dürfe. Der Faschismus-Kenner Arrigo Petacco vertritt die Hypothese, dass der Ceka-Agent Amerigo Dumini in seinem törichten Eifer diesen Wutanfall seines Chefs fälschlicherweise als Befehl verstand und die Entführungsaktion auf eigene Faust organisierte.[16] Es heißt auch, dass der sozialistische Abgeordnete heikle Unterlagen besaß, welche die Krone hätten diskreditieren können, und dass die amerikanische *Sinclair Exploration Company* den Tod Matteottis wollte, welcher über deren illegale Erdölprospektion in der Region Emilia-Romagna gut Bescheid wusste.[17]

---

15 Vgl. den Originaltext in italienischer Sprache: https://it.wikisource.org/wiki/Italia_-_30_maggio_1924,_Discorso_alla_Camera_dei_Deputati_di_denuncia_di_brogli_elettorali [Zugriff: 12.10.2021].

16 Der Faschismus-Experte Renzo De Felice (2019. *Mussolini il Fascista. La conquista del potere, 1921-1925*, Torino: Einaudi, S. 622) schreibt dazu: „È però un fatto che l'uccisione di Matteotti o anche solo un suo rapimento per dargli una „lezione" che servisse a fargli moderare la sua opposizione (si parlò anche di un'analoga azione da effettuarsi contro Amendola) non poteva giovare in alcun modo a Mussolini, sia che egli volesse portare a buon termine le sue *avances* verso i confederali sia che non pensasse per il momento ad un mutamento così radicale della situazione politica. Nell'uno e nell'altro caso anche solo una „lezione" non gli avrebbe portato alcun vantaggio, ma solo difficoltà." Das bedeutet, dass der Mord an Matteotti keinen Nutzen für Mussolini mit sich brachte: Vielleicht wollte dieser sich mit linken Elementen verbünden oder er beabsichtigte, seine Politik radikal zu verändern. In jedem Fall wäre der Mord an seinem politischen Gegner kontraproduktiv gewesen.

17 Vgl. Petacco, Arrigo, 2006. *L'uomo della Provvidenza. Mussolini, ascesa e caduta di un mito,* Milano: Mondadori, S. 63. In diesem Kapitel, „Dittatore per caso?", ist auch eine sehr übersichtliche Zusammenfassung der Fakten vorhanden. Diese These wird auch vertreten in

Höchstwahrscheinlich bezweckte Matteotti, einen fließenden Übergang zwischen Faschismus und Sozialismus – nicht nur aufgrund der Verschwommenheit der Programme der beiden Parteien, sondern vor allem im Rahmen der tradierten Auseinandersetzung zwischen Mehrheit und Opposition – zu verhindern und so eine harte und effektive Opposition gegen den diktatorischen Regierungschef zu ermöglichen, wie mehrere Historiker behaupten.[18] Der sozialistische Abgeordnete dachte zu Recht, dass das Land eine offensive Abwehrhaltung vonseiten der Gegner des Faschismus brauchte, während sich die meisten Oppositionellen mit prestigeträchtigen Posten korrumpieren ließen. Sollte seine heftige Rede eine Verschärfung der Fronten zwischen Regime und demokratischer Opposition bewirken, wäre dies alles andere als kontraproduktiv für die Nation gewesen, da Matteotti davon ausging, dass das Regime bald wieder bestimmte Grenzen überschreiten und die Grundfreiheiten des Individuums untergraben würde. Die Geschichte zeigte, dass er im Recht war.

Nach dem Mord wurde Mussolini von einigen Journalisten regelrecht angegriffen, unter anderem von Carlo Silvestri (1893–1955). Spätere Aussagen von Mussolinis Seite scheinen nahezulegen, dass er von den Ereignissen übermannt wurde. In der Tat zögerte er eine Weile. Die Opposition zog sich zurück (das kennt man als die *Aventino*-Abspaltung) in der Hoffnung, die Arbeiten des Parlamentes zu sabotieren und die Extremisten zur Kapitulation zu zwingen. Am 31. Dezember 1924 bekam Mussolini Besuch von extremistischen Mitgliedern seiner eigenen Partei, die damit drohten, den Faschismus auch ohne ihn weiterleben zu lassen. Diese Einschüchterungsaktion ist als *Pronunciamento dei consoli* in die Geschichte eingegangen. Die Extremisten waren bereit, Mussolini durch Farinacci zu ersetzen, ihn endgültig zu beseitigen; Mussolini wähnte sich für

---

Guerri, Giordano Bruno, 1995. *Fascisti. Gli italiani di Mussolini. Il regime degli italiani,* Milano: Mondadori, S. 106 f.

18 Vgl. dazu insbesondere und federführend: De Felice, Renzo, 2019. *Mussolini il Fascista. La conquista del potere 1921–1925,* Torino: Einaudi, S. 617 f: „Il suo [di Matteotti] vero scopo era quello di inaugurare dalla tribuna più risonante d'Italia, dalla Camera, e sin dalle primissime battute della nuova legislatura, un nuovo modo di stare all'opposizione, più aggressivo, più intransigente, violento addirittura. Già prima delle elezioni Matteotti aveva scritto a Turati: ‚Anzitutto è necessario prendere, rispetto alla Dittatura fascista, un atteggiamento diverso da quello tenuto fin qui; la nostra resistenza al regime dell'arbitrio deve essere più attiva; non cedere su nessun punto; non abbandonare nessuna posizione senza le più recise, le più alte proteste. Tutti i diritti cittadini devono essere rivendicati; lo stesso codice riconosce la legittima difesa. Nessuno può lusingarsi che il fascismo dominante deponga le armi e restituisca spontaneamente all'Italia un regime di legalità e libertà; tutto ciò che esso ottiene, lo sospinge a nuovi arbitrii, a nuovi soprusi. È la sua essenza, la sua origine, la sua unica forza; ed è il temperamento stesso che lo dirige. Perciò un partito di classe e di netta opposizione non può raccogliere che quelli i quali siano decisi a una resistenza senza limite, con disciplina ferma, tutta diretta ad un fine, la libertà del popolo italiano.'"

eine kurze Weile wirklich am Ende seiner politischen Karriere. Doch es kam anders. Am 3. Januar 1925 hielt er eine überzeugte Rede zum Wesen des Faschismus, in der unter anderem sagte:

> „Jemand behauptet, ich hätte eine Ceka gegründet. Wo? Wann? In welcher Weise? Niemand kann das wirklich sagen. Ja, eine Ceka existierte in Russland. [...] Aber eine italienische Ceka existierte nie bei uns. [...] Denkt ihr wirklich, dass ich [...] einen Überfall um 10 Uhr morgens in der Francesco-Crispi-Straße in Rom befehlen konnte, nach der friedlichsten Rede, die ich in meiner Regierungszeit je gehalten habe? [...] Ich behaupte hier, vor diesem Gremium und vor dem gesamten italienischen Volk, dass ich, ich allein die politische, moralische und historische Verantwortung von allem, was passiert ist, übernehme. [...] Wenn der Faschismus nur Gewalt und Rizinusöl und nicht sublime Leidenschaft der besten Jugend Italiens ist, erkläre ich mich schuldig! Wenn der Faschismus eine Verbrecherorganisation ist, wenn alle Gewalttaten das Resultat eines bestimmten historischen, politischen, moralischen Klimas gewesen sind, bin ich dafür verantwortlich, da ich dieses bestimmte historische, politische, moralische Klima durch eine Propaganda geschaffen habe, die vom Kriegseintritt bis heute andauert. Meine Herren, Italien will Frieden, will die arbeitsame Ruhe: Ihm werden wir sie mit der Liebe, wenn es geht und mit der Gewalt, falls notwendig, geben[...].“[19]

Eine Diktatur war bereits längst ideologisch-programmatisch angelegt, wenn auch vielleicht noch nicht zu Ende gedacht. An dieser Stelle sind zwei Aspekte von Bedeutung festzuhalten.

1. Es ist durchaus möglich, dass Giacomo Matteotti nicht auf Befehl von Mussolini hin ermordet wurde, obwohl diese Annahme vielen Lehrbüchern widerspricht. Auch Richard J. B. Bosworth lässt diese Frage unbeantwortet.[20] Matteottis Witwe Velio Ruffo hielt Mussolini zum Beispiel für unschuldig, ebenso wie der König.[21] Selbst wenn Mussolini den Befehl nicht gab, kann jedoch nicht behauptet werden, dass Mussolinis Schuld relativiert würde. Er trägt die volle moralische und historische Verantwortung für die damaligen Geschehnisse. Eine andere Interpretation wäre abwegig (dieser Mord war überdies kein Einzelfall; 1923 wurde zum Beispiel der Geistliche und Vertreter des *partito popolare*, Giovanni Minzoni, von Schlägern unter der Führung des späteren Gouverneurs Libyens Italo Balbo ermordet).
2. Mit der Rede vom 3. Januar 1925 signalisierte Mussolini den Extremisten und dem ganzen Land, dass Italien nun den Weg in die Diktatur eingeschlagen hatte. Nun war kein Zurück mehr möglich. Renzo de Felice (1929–1996) und Arrigo Petacco vertreten die Meinung, dass Mussolini aus kontingenten Gründen zu diesem Schritt gezwungen worden war. Der Weg in die Diktatur

[19] Die komplette Rede in italienischer Sprache: https://it.wikisource.org/wiki/Italia_-_3_gennaio_1925,_Discorso_sul_delitto_Matteotti [Zugriff: 12.10.2021].

[20] Vgl. Bosworth, Richard J. B., 2005. *Mussolini. Un dittatore italiano.* Milano: Mondadori, S. 214–223.

[21] Vgl. Petacco, Arrigo, 2006. *L'uomo della Provvidenza. Mussolini. Ascesa e caduta di un mito,* Milano: Mondadori, S. 72.

wäre also aus purem Zufall erfolgt, wie die von ihm vorbereiteten Listen für eine gemischte Regierung zu bezeugen scheinen; vor dem Hintergrund des Mordes und der Vorwürfe ihm gegenüber habe er nun aber unbedingt handeln müssen.[22] Die Behauptung, dass jemand wie Mussolini nur zufällig zum Diktator wird, ist jedoch falsch. Es handelt sich dabei außerdem nur um einen Teilaspekt der Problematik.

Es dürfte schwierig sein, Mussolini eine demokratische Tendenz anzudichten, die aus bloß kontingenten Gründen aus dem Ruder geriet und ihn zum Diktator machte. In erster Linie muss man an die Bewunderung Mussolinis für Oswald Spengler erinnern, den er im Jahr 1925 persönlich kennenlernte. In Spenglers Abhandlung *Der Untergang des Abendlandes* sah Mussolini seine eigenen Theorien bestätigt, über die er seit langem nachgedacht hatte. Natürlich gefiel ihm nicht, dass der Philosoph dem deutschen Volk die historische Mission anvertraute, den europäischen Kontinent zu vereinen und ein neues Reich zu gründen: Allein das deutsche Volk sei nicht degeneriert, es sei das letzte Volk, das unter den weißen herangereift war. Dieses neue Reich wäre nach der Ansicht von Spengler die letzte Stufe der abendländischen Zivilisation. Diese historische Mission erklärt zum größten Teil die Sympathien Spenglers für den Nationalsozialismus, der in der Bewegung wohl die Möglichkeit der Konkretisierung dieser abstrakten Idee sah. Als 1933 *Jahre der Entscheidung* publiziert wurde, schrieb Mussolini sogar eine Rezension für die Zeitung *Il Popolo d'Italia*. Er glaubte an die Theorie der Geschichte als Zyklus, die originelle und unwiederholbare Zivilisationen hervorbrachte, die nach einer gewissen Zeit, am Ende ihrer historischen Mission, wieder verschwanden (eine Hypothese, die heute vollständig verworfen wird). Außerdem theoretisierte Spengler die historische Notwendigkeit einer Politik der Macht, genau die Politik, die der Faschismus betreiben wollte. Nun wurde diese mit einer philosophischen Legitimation versehen. Solche Ideen hatte Mussolini schon seit der Zeit, als er in der Schweiz die Vorlesungen von Vilfredo Pareto besuchte. Sie bilden einen klaren roten Faden, der über seine gesamte politische Karriere gespannt wird.[23] Dabei spielte der Cäsarismus eine zentrale Rolle: So wundert es nicht, dass Mussolini in seinem Größenwahn viele Bücher über Napoleon las, um, wie er sagte, dessen Fehler zu vermeiden.

---

22 Vgl. ebenda, S. 70–73. Was die Argumentation De Felices angeht, so schreibt er, dass nichts zur Annahme berechtigt, dass Mussolini vor dem 30. Dezember 1924 an einen Putsch dachte. Mit der Rede vom 3. Januar 1925 hätte er außerdem bestenfalls einen „halben Putsch" verwirklicht. Dies mag der Wahrheit entsprechen, aber die Problematik ist eher langfristig zu betrachten. Vgl. De Felice, Renzo, 2019. *Mussolini il Fascista. La conquista del potere 1921–1925,* Torino: Einaudi, S. 705: „Nulla però autorizza a credere che Mussolini il 30 dicembre pensasse a un vero e proprio colpo di stato. Del resto, con lo stesso discorso del 3 gennaio egli non avrebbe fatto che un *mezzo colpo di stato*, incentrato molto più sul piano politico che non su quello giuridico. "

23 Vgl. De Felice, Renzo, 1996. *Mussolini il Duce. Gli anni del consenso (1929–1936),* Torino: Einaudi, S. 38–42.

Mussolini hatte schon immer behauptet, dass zum Beispiel die parlamentarische Führung des Krieges eine Idiotie sei. Und in einem späteren Aphorismus sagte er überzeugt, die Demokratie sei in der Moderne wie eine Petroleumlampe zur Zeit der Elektrizität. Es war leider sowieso eine Zeit der Infragestellung des Parlamentarismus, auch in anderen Ländern wurde die liberale Demokratie in Frage gestellt und man suchte nach anderen Staatsformen (die aber – das kann man im Nachhinein behaupten – kläglich scheiterten). Mussolini war außerdem nach eigenen Angaben ein Vertreter und Verfechter der Theorie der Gewalt als Motor der Geschichte, ein klar mit der Grundidee der Demokratie inkompatibles Merkmal.

Dass der Staat für die faschistische Bewegung schon immer eine zentrale Rolle spielte, erkennt man unter anderem am Parteiprogramm aus dem Jahre 1921, bevor die Partei an die Macht kam. Unter anderem hieß es darin:

- dass die Nation keine bloße Summe der lebenden Individuen sei, sondern ein Organ, welches die unzählige Abfolge der vergangenen Generationen in sich habe, von denen die Individuen die werdenden Elemente seien,
- dass der Staat die juridische Inkarnation der Nation sei. Es hieß außerdem, dass die autonomen Werte des Individuums, die sich in organisierten Gruppen manifestieren (Familie, Korporationen, etc.), entwickelt und geschützt werden sollten, aber eben innerhalb der Nation, der sie untergeordnet seien,
- dass die Befugnisse des Parlaments eingeschränkt werden sollten. Der Staat sei souverän. Diese Souveränität dürfe zum Beispiel von der Kirche nicht sabotiert werden (später entwickelte sich eine heftige Auseinandersetzung zwischen Faschismus und katholischer Kirche bezüglich der katholischen Jugendverbände, die der Staat sich einverleiben wollte),
- dass die faschistische Partei ihr politisches Verhalten den Interessen der Nation unterzuordnen habe, welche in ihrer Realität und ihrem historischen Werden verstanden werde,
- dass Italien sein Recht auf die historische und geografische Einheit behaupte, selbst für den Fall, dass diese noch nicht erreicht worden sei. Italien sei das Bollwerk der neolateinischen, romanischen Zivilisation im Mittelmeerraum.[24]

---

24 Vgl. http://www.instoria.it/home/programma_partito_nazionale_fascista.htm [Zugriff: 22.10.2021]. Es wäre zu historiografischen Zwecken interessant und gewinnbringend, das Programm der Partei von 1921 genauer zu analysieren. Aus Platzgründen beschränken wir uns auf das Wesentliche. Im Programm hieß es weiter, der Staat solle die italienischen Kolonien am Mittelmeer im Hinblick auf die nationale Ehre mit wirtschaftlichen und kulturellen Institutionen verstärken. Die faschistische Nationalpartei würde sich zu einer Freundschaftspolitik mit den Mittelmeerländern bekennen. Zur sozialen Politik hieß es, dass das Privateigentum eine Pflicht und ein Recht sei, das es zu schützen gelte. Die Schule nehme eine wichtige Rolle ein, so dass der Kampf gegen den Analphabetismus zu den primären Projekten gehöre. Die staatliche Schule solle auf der körperlichen und moralischen

Und in einem von Mussolini verfassten Zeitungsartikel vom 26. November 1921 hieß es mit klaren Worten, dass die neue Partei auf das weit verbreitete Bedürfnis der Menschen nach Disziplin, Hierarchie und Ordnung eingehen würde. Man könnte weitere Beispiel anführen: In einem Brief vom 26. Dezember 1924 von einem Extremisten, einem gewissen Lanzillo, an Mussolini hieß es, dass das neue Wahlgesetz den antidemokratischen Geist des Faschismus neu bestätigen sollte.

Die Staatsphilosophie Mussolinis war zum einen eine nicht nur damals, sondern auch in historischer Perspektive auf jeden Fall falsche Antwort auf die Verwirrung nach dem Ersten Weltkrieg, eine Zeit, in der die Inflation galoppierte und in der zutiefst verunsicherte Menschen von den verschiedenen Fronten nach Hause kamen und kein besseres Land vorfanden, sondern das übliche Elend mit Opportunisten und Spekulanten, die sich während des Krieges bereichert hatten. Zum anderen war sie der Vorsatz, eine neo-hegelianisch inspirierte Staatsform umzusetzen, in der das Individuum zum Wohl der Nation lebt und agiert, so dass es seinen Platz in der Gemeinschaft findet. Als die Abhandlung *Die Doktrin des Faschismus* 1932 publiziert wurde – viele behaupten, sie wurde von Giovanni Gentile (1875 -1944) verfasst, dem Philosophen des aktualen Idealismus, aber Mussolini zugerechnet –, war die philosophische Theoretisierung der Bewegung abgeschlossen.

Die Grundlinien können wie folgt rekapituliert werden: Der Faschismus leugnete die intrinsische Validität der demokratischen Staatsform, da deren anthropologische und politische Prämissen essenziell extrinsisch seien. Für die faschistische Weltanschauung sei kein Individuum abgetrennt von der Gemeinschaft, in der es lebt. Der Einzelne könne nur innerhalb von Vaterland und Nation bestehen, es sei „moralisches" Gesetz, dass der Einzelne auf seine individualisierten Interessen verzichte, um im Staat aufzugehen. Diese Auflösung sei jedoch zugleich tief empfundene Verwirklichung seines Selbst, denn alles, was existieren kann, existiere im Staat. Hier sieht man die Ablehnung des traditionellen Liberalismus und den Versuch einer Spiritualisierung und Idealisierung des Staates und des Individuums, welches sich für sich selbst und für die Gemeinschaft aufopfert. Das Leben sei nach der Meinung Gentiles und Mussolinis purer Kampf, aber es sei ein positiver Kampf, in dem der Einzelne zur Gestaltung der Geschichte beitragen könne. Außerhalb der Geschichte, außerhalb der Gemeinschaft, außerhalb des Staates als übergeordneter Instanz sei der Mensch nichts (dies erinnert an das berüchtigte Motto der Nationalsozialisten „Du bist nichts, dein Volk ist alles"). Der Faschismus sei totalitär, weil alles, was außerhalb des

Ebene die zukünftigen Soldaten Italiens vorbereiten. Französisch solle nicht die erste Fremdsprache sein, in diesem Fall gelt es die Merkmale der einzelnen Region zu berücksichtigen, zum Beispiel der Grenzregionen. Die faschistische Nationalpartei bezwecke eine Aktion, die den sittlichen Begriff, dass die Regierungen die *res publica* zu verwalten hätten, und zwar nicht im Interesse der einzelnen Parteien, sondern der Nation, revitalisieren solle. Das nationale Prestige des Nationalstaates solle als Ziel verfolgt und verstärkt werden.

Staates ist, nicht existieren dürfe und könne. In diesem Zusammenhang heißt das, dass der Staat das Recht kreiere und die Bevölkerung erziehe. Außerdem sei der Faschismus gegen den Pazifismus, da nur der Krieg alle menschlichen Energien ausschöpfe und die Völker adele (an dieser Stelle stellt man den Einfluss der Futuristen von Tommaso Marinetti fest). Der sittliche Staat solle sich den Einzelnen, alle Gruppierungen, alle Kräfte zwecks Verwirklichung aller Mitglieder einverleiben.

Dies war der philosophische Kern der von der Regierung veröffentlichten Doktrin des Faschismus.[25] Natürlich sind dabei viele Fehler philosophischer, politischer und anthropologischer Natur festzustellen. Diese Argumentation kann man jederzeit *ad absurdum* führen.

Gentile publizierte im Jahr 1916 *I Fondamenti della filosofia del diritto* („Grundlagen einer Philosophie des Rechts"), in denen er unter anderem zur Rolle des Staates Folgendes behauptete:

> „Die Autorität ist die Existenz der Freiheit selbst. Und die Freiheit außerhalb des Gesetzes ist bloß eine Abstraktion. Die Substanz, die sich selbst bewusst ist, aus der der Geist, d. h. das Individuum, seine Konkretisierung bezieht, ist sittliche Substanz. [...] Die Sittlichkeit ist das Siegel der Substanzialität und der Spiritualität des Staates. Denn eine spirituelle Realität kann nur einen sittlichen Charakter besitzen; aber sie kann ihn nicht besitzen, wenn sie keine Substanz ist. Solange der Staat bloß ein Mittel war, konnte der sittliche Wert nur zum Zweck dienen."[26]

Es war kein Zufall, dass Gentile am 31. Oktober 1922 (bis 1924), also gleich nach der Machtergreifung, zum Bildungsminister ernannt wurde. Es war kein Zufall, weil Mussolini langfristig Gentiles Philosophie brauchte, um genau diese Art von Staat zumindest ansatzweise zu verwirklichen. Der sittliche Staat vollende nach der Meinung dieser diktatorischen Bewegung die Tugenden seiner Bürger und bündele sie unter seiner Ägide und in sich zur eudämonistischen Vervollkommnung im Sinne einer teleologisch orientierten Weltauffassung, die in der Realität eine Widerspiegelung des so erschaffenen Geistes sieht. Nach der Meinung der Ideologen des Faschismus sei dieser zum „realen" Menschen zurückgekehrt, zu einem Menschen, der nicht mehr als bloßes Individuum und also lediglich temporär zu betrachten sei, sondern als Wesen, das an einer dauerhaften Kraft partizipieren würde. Der Mensch sei eine spirituelle Energie, die in sich ihre eigenen Gesetze des Werdens beherberge: Diese Energie kanalisiere sich dann in eine gewollte Solidarität, die in der Nation und vor allem im Staat ihren Ausdruck fände. In seiner 1933 publizierten *Introduzione alla filosofia* („Einführung in die Philosophie") erklärte Gentile, dass der Staat eine innere Existenz habe. Der Staat sei die

---

25 Der gesamte Text auf Italienisch: https://www.treccani.it/enciclopedia/fascismo_%28Enciclopedia-Italiana%29 [Zugriff: 12.10.2021].

26 Vgl. Gentile, Giovanni, 2003. *I Fondamenti della filosofia del diritto,* Firenze: Le Lettere, S. 112 f.

Nation, die ihrer historischen Einheit bewusst ist. Indem man sich auf diese Innerlichkeit beziehe, nehme man auch den sittlichen Charakter des Staates wahr. Dieser sei nicht nur ethischer bzw. sittlicher Wille, sondern im Allgemeinen Selbstbewusstsein, also volle Menschlichkeit. Der Staat sei nie das Pendant des Individuums und er beschränke nicht, sondern entfalte dessen Freiheit. Der Staat sei das universelle Bewusstsein seines Selbst, mit dem sich das Bewusstsein des Bürgers identifiziere.[27] Gentile sieht im Staat eine immanente Religiosität. Er internalisiere das Recht als Willen und spirituellen Akt, der in der Moral sein Antezedens finde. Gentile identifiziert das Individuum mit der Gemeinschaft, indem er postuliert, dass das partikularistische Individuum nur als sittliche Realität existiere und einen sozialen Charakter besitze.[28] Im Staat als Schöpfer des Rechts lösten sich die subjektiven Rechte auf und dieser Umstand verleihe zudem ontologische Sicherheit. Natürlich sei die *in interiore homine*-Konzeption ein klares Ad-Absurdum-Führen der kontraktualistischen Ideologie, welche ein Überbleibsel einer Zeit darstelle, in der die Dichotomisierung Autorität–Individuum als archetypisches Charakteristikum der Gesellschaft verstanden wurde. Das Individuum bedeute die Gemeinschaft, die Gemeinschaft bedeute den Staat, der Staat bedeute den „Duce", also Mussolini.

Wenn man das von Gentile theoretisierte Gedankenkonstrukt weiterverfolgt, kann man die politischen Implikationen nicht übersehen. Indem sich das Individuum nicht nur rein abstrakt im Staat verwirklicht und die wahre Freiheit findet, heißt es am Ende der Gedankenkette – so unsere Vermutung –, dass man, wenn man Mussolini gehorcht, frei ist (etwas, was für unseren demokratischen Geschmack unmöglich zu akzeptieren ist). Sicher bezweckte Gentile ursprünglich keine Instrumentalisierung des politischen Lebens des Landes zur Unterdrückung des Volkes, er sah im Regime eher die Verwirklichung des für ihn noch nicht überholten Hegelianismus und seines eigenen Neo-Idealismus in Bezug auf die moderne Welt. Aber der Faschismus ging einen anderen Weg und instrumentalisierte diesen neo-hegelianischen Ansatz.

Mit der Berücksichtigung dieser Prämissen und der damit verbundenen Folgen muss nun die Ausgangsfrage geklärt werden, ob Mussolini lediglich aus kontingenten Gründen zum Diktator wurde. Unsere Hypothese: Er wollte eine politische Regenerierung des italienischen Volkes, er wollte als der Erfinder eines neuen Typus von Menschen in die Geschichte eingehen und hielt die Demokratie für überholt und den Herausforderungen der Komplexität der Moderne nicht mehr gewachsen. Er wollte 1924 vielleicht noch nicht die Diktatur, sondern eine politische und institutionelle Stabilisierung (was auch eine Stabilisierung seiner eigenen Macht bedeutete), so dass er die Extremisten marginalisieren musste. Er hatte möglicherweise nicht an einen Putsch gedacht, aber das Regime wäre trotzdem zu dieser oder zu einer ähnlichen Form der Autokratie gediehen. Dass

[27] Vgl. Gentile, Giovanni, 2015. *Introduzione alla filosofia*, Brindisi: Trabant, S. 177–180

[28] Vgl. Turi, Gabriele, 2006. *Giovanni Gentile. Una biografia*, Torino: Utet, S. 255 f.

anfangs noch unklar war, welche Herrschaftsform Mussolini anstrebte, lag in der Natur der Partei, die zu Beginn unterschiedliche Philosophien in sich beherbergte. Eine klare faschistische Lehre, die die Diktatur sozusagen schon *in petto* hatte, war noch nicht herangereift. Dass der Faschismus schon in Diktatur münden musste, war den Akteuren noch nicht unbedingt klar. Das Problem ist, dass Mussolini ein sehr pragmatisch denkender Mensch und Politiker war. Er witterte die konkreten Gefahren und war ein sehr guter Menschenkenner. Er weigerte sich, seinen Aktionsradius durch einen vorgegebenen ideologischen Rahmen reduzieren zu lassen, zum Beispiel im Gegensatz zu Stalin. Die Entscheidungen wurden der Situation angepasst. Natürlich musste er dabei auch die Extremisten und andere Strömungen im Auge behalten, aber genau dieser Pragmatismus war bezüglich seines Aufstieges seine Stärke und hatte ihm zweifellos zum politischen Erfolg verholfen. Die intrinsische Notwendigkeit eines autokratischen und totalitären Regimes wurde später verfeinert, war aber als Grundidee schon präsent und das war unter anderem eine Folge davon, dass Mussolini bestimmte philosophische und politische Strömungen der Zeit internalisiert hatte. Dass sich Mussolini durch puren Zufall und von der Situation gezwungen bzw. bedrängt zum Abbau des demokratischen Gerüstes des Landes bewegen ließ, ist nur zum Teil wahr. Dies würde implizieren, dass, wenn Matteotti nicht ermordet worden wäre, eine normale Regierung gebildet worden wäre und weiterbestanden hätte – eine Vorstellung, welche die späteren Entwicklungen der faschistischen Regierung (Wiedereinführung der Todesstrafe, Abschaffung aller anderen Parteien, Totalitarismus, Krieg) *ad absurdum* führen.

Das gesamte philosophische Konstrukt konnte nicht *ad hoc* theoretisiert werden, sondern es war, wie oben geschildert, in der Idee des neuen Staates enthalten und musste im Laufe der Jahre entwickelt werden. Die oben geschilderte philosophische Auffassung des Staates hatte Gentile schon vor der Machtergreifung Mussolinis in verschiedenen Aufsätzen und Abhandlungen niedergelegt, so dass auch der denkbare Einwand, dass das beschriebene Konstrukt der Diktatur im Nachhinein eine gewisse philosophische und intellektuelle Legitimität verleihen sollte, nur zum Teil stimmen kann. Diese nach unserer Meinung falsche Hypothese versucht, die Figur von Mussolini vor der Geschichte zu rechtfertigen, aber das ist weder möglich noch erstrebenswert. Die Historiografie soll sich von jeder Art von politischer Ideologisierung freimachen und die Objektivierung der Fakten anstreben. Oder, und das ist die zweite Möglichkeit, Mussolini bog die faschistische Staatsphilosophie seinen politischen Bedürfnissen zurecht und rechtfertigte die Errichtung der Diktatur im Nachhinein ideologisch, was immerhin möglich wäre, aber angesichts unserer Beweisführung als eher unwahrscheinlich bzw. teilweise abwegig erscheint.

2 Der italienische Faschismus im Spannungsfeld zwischen Arabern, Juden und der rassistischen Politik

2.1 *Mussolini, die arabische Welt und Indien*

Das Jahr 1938 ist zu Recht aufgrund der Infamie der Rassengesetze als schwarzes Jahr in die Geschichte Italiens eingegangen. Mussolini wird häufig als irrationaler Rassist und als italienisches Pendant zu Hitler präsentiert. Und diese Behauptung hat sicher ihre Berechtigung. Dieses Kapitel will aber zeigen, dass der faschistische Antisemitismus eine plötzliche und radikale Wende politischer Natur darstellte und dass Mussolini eine mehr oder weniger rationale, wenn auch nicht ganz konsequente Nahost-Politik betrieb, welche teilweise sogar eine prozionistische Position einnahm. Wir fokussieren unsere Aufmerksamkeit auf die Nahost-Politik, um dann zu der indischen Sphäre zu gelangen. Auffällig beim Studium der Sekundärliteratur ist, wie wenig die Auseinandersetzung Mussolinis mit der arabischen Welt thematisiert wird.

Es sei explizit darauf hingewiesen, dass diese Differenzierung zwischen einem irrationalen und instrumentellen Rassismus lediglich auf die objektive Interpretation der damaligen Ereignisse abzielt; in keiner Weise soll versucht werden, das politische Verhalten oder Agieren Mussolinis zu rechtfertigen. Es geht vielmehr darum, dieses zu verstehen und in den passenden historischen Kontext einzufügen. Das Unmoralische, das Kriminelle und das Skrupellose an seinem politischen Agieren resultieren automatisch aus der untenstehenden Analyse.

Viele einflussreiche Akademiker waren sehr gute Kenner der arabischen, türkischen bzw. der persischen Welt. Forscher wie Ettore Rossi (ab 1939 Inhaber des Lehrstuhls für türkische Sprache und Literatur in Rom und Verfasser des ersten Lehrbuchs für Türkisch nach der Reformierung und Latinisierung dieser Sprache durch Mustafa Kemal Atta-Türk und seine Berater) oder Antonino Pagliaro (Iranist, Gräzist, Latinist, Linguist, Sprachphilosoph, Romanist, Literaturkritiker, Indoeuropäistik-Experte und Dante-Kenner, später Mitproduzent von historischen Dokumentarfilmen über Alexander den Großen bei der *Radio Televisione Italiana*) dürften nicht allzu bekannt sein, aber sie prägten durch ihre intensive Forschung und ihre Publikationen eine ganze Generation von jungen Arabisten und Orientalisten. Der junge Alessandro Bausani (1921–1988), ein extrem talentierter Linguist, Islamwissenschaftler, Iranist und Hyperpolyglott, durfte mit 19 Jahren sogar eine Sendung bei Radio Rom auf Persisch moderieren (später übersetze er den Koran ins Italienische, er erfand eine eigene Sprache –

marcusco –, befasste sich mit indonesischer und arabischer Literatur und trieb die Urdu-Sprachstudien in Italien voran – seine Publikationsliste enthält über 300 Titel). Und das sind nur einige Beispiele. Dieses Aufblühen von Arabistik-Studien ist nicht nur auf die intentionale Intensivierung der Bildungspolitik in alle Richtungen zurückzuführen, sondern sie ist eher komplementär zur Konkretisierung einer klaren politischen Ausrichtung gegenüber der arabischen Welt; spätestens seit dem Libyen-Feldzug 1911/12 war es notwendig geworden, strategisch verwertbares Wissen zu erwerben.

Mussolini war schon immer an der arabischen Welt interessiert gewesen. Als junger Mann wollte er mit seiner Jugendliebe Angelika Balabanoff neben Nietzsche häufig den Koran lesen und hatte einmal den Wunsch geäußert, Arabisch zu lernen. Jedoch war der junge Benito Mussolini in der ersten Phase seiner Regierung nach der Machtergreifung 1922 auf die Konsolidierung seiner Macht bedacht, welche alles andere als selbstverständlich war. So kann behauptet werden, dass die Anfangsjahre der faschistischen Diktatur keine besondere Annährung gegenüber der arabischen Welt mit sich brachten. Diese war in den turbulenten Jahren der Nachkriegszeit vom Erstarken der zionistischen Bewegung geprägt, ein Umstand, der ein gewisses Unruhepotenzial beherbergte und auch im Hinblick auf die kommenden Jahre ausschlaggebend sein würde.

Nach der Analyse der Quellen und der Sekundärliteratur sind in Bezug auf eine „Arabische Welt-Politik“ des Faschismus drei Hauptphasen zu erkennen, die im Folgenden in Umrissen präsentiert werden sollen:[29]

Die erste Phase geht, wie bereits erwähnt, von 1922 bis in die Dreißiger Jahre hinein. Es handelt sich um eine Phase, in der keine klare Ausrichtung der italienischen Politik bezüglich der antibritischen Bewegungen in der arabischen Welt zu erkennen ist. Eine erste Beschäftigung mit dieser Problematik kann erst in einer zweiten Phase ab 1932 (bis 1936) erkannt werden. Propagandistisch gesehen, wurde vor allem die historische Rolle Italiens als Brücke zwischen dem Orient und dem Okzident priorisiert und akzentuiert.[30] In gewisser Weise würde man, so die Vorstellung der Entscheidungsträger in Rom, die Politik des Imperium Romanum neu gründen. Mussolini berief sich explizit auf diese Idee und orientierte sich daran (obwohl festzuhalten ist, dass der Mythos der Romanität

---

[29] Das Hauptwerk zu dieser Thematik, dem dieses Kapitel viel schuldet, ist eine relativ ausführliche Studie in italienischer Sprache von Renzo De Felice, nämlich De Felice, Renzo, 2018. *Il fascismo e l'Oriente. Arabi, ebrei e indiani nella politica di Mussolini*, Milano: Luni. In diesem Kapitel wird die Argumentation des Autors rekapituliert, neu aufgegriffen und vertieft.

[30] Die im Folgenden genannten ideologischen Unterschiede dieser drei Hauptphasen folgen De Felice, Renzo, 2018. *Il fascismo e l'Oriente. Arabi, ebrei e indiani nella politica di Mussolini*, Milano: Luni, S. 16–21.

höchstwahrscheinlich eine „Erfindung“ bzw. eine Idee der ehemaligen jüdischen Geliebten Mussolinis und Intellektuellen Margherita Sarfatti war).[31] Zwar mussten mehrere Rückschläge hingenommen werden, vor allem während des von Mussolini gewollten Äthiopien-Feldzugs (1935/36), den die arabischen Politiker ausdrücklich verurteilten, jedoch war diese Zeit primär davon geprägt, dass politisch motivierte und panarabische Bewegungen der arabischen Welt und das faschistische Italien systematisch die Bereitschaft zu einer Zusammenarbeit sondierten.

Auch aufgrund der zunehmenden Spannung mit den westlichen Demokratien wurde das Thema „Naher Osten“ in einer dritten Phase ab 1937 immer stärker auf die politische Agenda gesetzt. Viele spezialisierte Zeitschriften betonten vor allem die angeblichen gemeinsamen Interessen und die gemeinsame Mentalität zwischen Faschismus und Islam, im Geiste einer spirituellen und nichtmaterialistischen Weltanschauung und des Kampfes gegen den gefährlichen Bolschewismus. Es liegt im Allgemeinen die Vermutung nahe, dass Mussolini und sein Außenminister Galeazzo Ciano die arabische Problematik als „Verhandlungsmasse“ im Hinblick auf ein potenzielles Abkommen mit London betrachteten. Andererseits war Vorsicht geboten, die spanische Regierung bei ihrem Wunsch nach einem Kolonialreich in Nordafrika nicht zu verärgern, sollte sie irgendwann mit den Achsenmächten in den Krieg ziehen.[32]

Was die arabischen Politiker dazu animierte, nach Rom und Berlin zu blicken, war *de facto* die Perspektive der Unabhängigkeit und der Einheit der arabischen Welt: Das waren Ziele, die gegen die elementare Weltanschauung der Briten gingen, so dass sich eine politische und militärische Instrumentalisierung der arabischen Bewegungen vonseiten der Diktaturen im Kampf gegen die Demokratien schnell anbieten musste. Aufschlussreich ist ein Brief des Außenministers Ciano aus dem Jahr 1942 an zwei Vertreter der arabischen Bewegungen,

---

31 Es ist hier nicht der Ort, eine Biografie Margherita Sarfattis (1880–1961) zu verfassen, doch sind einige Hinweise darauf unentbehrlich: Es besteht kein Zweifel darüber, dass Sarfatti einen großen Einfluss auf Mussolini ausübte. Schon in ihren jungen Jahren war sie eine überzeugte Sozialistin und engagierte sich für den Eintritt Italiens in den Ersten Weltkrieg, wo sie ihren Sohn Roberto verlor. Nach dem Krieg entwickelte sie eine nahezu grenzenlose Bewunderung für Mussolini, die sie dazu brachte, die Zeitung *Gerarchia* zu gründen und zu leiten. Auch als Dichterin und Kunstkritikerin tätig verfasste sie 1928 den Roman *Il palazzone* und 1930 eine Geschichte der modernen Malerei. Sie war auch bei anderen Zeitungen Mussolinis journalistisch aktiv. Im Jahr 1926 publizierte sie den Bestseller *Dux*, eine Art hagiografische Biografie Mussolinis, die in über dreißig Sprachen übersetzt wurde und voller Anekdoten über Mussolini ist. Über Sarfatti sagte Mussolini jedoch: „Sie verfolgt mich mit ihrer Liebe, aber ich werde sie nie erwidern. Ihre Knausrigkeit ekelt mich an!“ Vgl. zu dieser Thematik: Urso, Simona, 2003. *Margherita Sarfatti. Dal mito del Dux al mito americano,* Venezia: Marsilio und auch Cannistraro, Philipp/Sullivan, Brian, 1993. *Margherita Sarfatti. L'altra donna del Duce,* Milano: Mondadori.

32 Vgl. De Felice, Renzo, 2018. *Il fascismo e l'Oriente. Arabi, ebrei e indiani nella politica di Mussolini*, Milano: Luni, S. 21 f.

Hai Amin el-Husayni und Rashid al-Gailani. Der Brief, der nun zum ersten Mal ins Deutsche übersetzt wird, lautet:

> „Die italienische Regierung schätzt das Vertrauen, welches das arabische Volk in die Achsenmächte und ihre Ziele gesetzt hat sowie in deren Absicht, an dem Kampf gegen die gemeinsamen Feinde bis zum Endsieg teilzunehmen. Die italienische Regierung hat volles Verständnis für die von euch vorgetragenen nationalen Ziele der arabischen Völker des Nahen Ostens, welche zurzeit unter der Unterdrückung der Briten leiden. Ich habe aus diesem Grund die Ehre, Ihnen in vollständiger Übereinstimmung mit der deutschen Regierung zu versichern, dass die Unabhängigkeit und die Freiheit der Völker, die unter der britischen Hegemonie seufzen, auch das Ziel der italienischen Regierung darstellen. Italien ist gewillt, den besagten Völkern jede mögliche Hilfe bei ihrem Befreiungskampf zukommen zu lassen, ihre Souveränität und ihre Freiheit anzuerkennen, ihre Vereinigung zu ermöglichen, soweit dies von den in Frage kommenden Akteuren gewünscht ist, sowie die Heimstätte für Juden in Palästina abzuschaffen.“[33]

Die arabischen Bewegungen strebten genau zu diesen Zwecken die Zusammenarbeit mit den Achsenmächten an. Am Anfang des Zweiten Weltkrieges legten sie eine gewisse Neutralität an den Tag und verzichteten weitgehend auf antibritische Propaganda, da sie zuerst die Wirkung des Krieges auf das Handeln der Briten eruieren wollten, möglicherweise hätten diese ihr Konzept einer jüdischen Heimstätte in Palästina wieder fallen gelassen. Umso größer war ihre Enttäuschung über die Weigerung Londons, seine bisherige Politik gegenüber den zionistischen Bewegungen im Heiligen Land zu revidieren. Insgesamt gewinnt man den Eindruck, dass die Araber den Zweiten Weltkrieg als Möglichkeit betrachteten, ihr nationales Ziel zu erreichen. Von Bedeutung ist auch der Umstand, dass el-Husayni und al-Gailani unterschiedliche Ziele an den Tag legten und sich immer weiter auseinanderbewegten. Während el-Husayni sich an Italien orientierte, ein fanatischer Antizionist war und die panarabische Utopie pflegte, war al-Gailani eher der deutsche Ansprechpartner, bevorzugte eher die politischen Interessen Iraks und er war nach der Meinung der meisten ein Realpolitiker, kein Idealist wie el-Husayni. Es ist außerdem festzustellen, dass dieser mehr Prestige in der arabischen Welt genoss und als seriöser Vertreter der muslimischen Völker galt.[34]

Die faschistische Regierung hatte zu Beginn eine eher zögerliche Politik gegenüber den antibritischen Bewegungen in der arabischen Welt gepflegt. Das änderte sich, wie bereits erwähnt, nach Ausbruch des Krieges, als die Fronten nach dem Stahlpakt vom Jahr 1938 klar waren. Die Ziele Roms können wie folgt rekapituliert werden: Die Faschisten wollten eine Annäherung zur islamischen Welt bewirken, vor allem damit die traditionelle Rolle Italiens als Brücke zwischen dem Westen und dem Osten wiederhergestellt werden konnte. Die nationalistischen Gruppierungen sollten zu diesem Zweck ermuntert und zum Teil

---

[33] Italienisch, in ebenda, S. 105.

[34] Vgl. ebenda, S. 106.

sogar finanziert werden. Italien strebte eine Art Wiedergutmachung des Schadens an, den der Libyen-Feldzug verursacht hatte, es beabsichtigte eine weitere Entspannung der Beziehungen mit der islamischen Welt und wollte so viel Verständnis für ihre politischen Anliegen wie möglich zeigen. Das langfristige Ziel war selbstverständlich das Erringen einer dauerhaften starken Position im Mittelmeerraum; diese war nicht nur aufgrund der geografischen Lage der Halbinsel erstrebenswert, sondern auch als Gegengewicht zu den Machtstellungen Frankreichs und Großbritanniens, welche Italien ja verdrängen wollten. Es war eine Politik der kleinen Schritte. Zuerst wollte sich Rom kulturell und vor allem kommerziell behaupten, zumal die Nähe der islamischen Welt zu Äthiopien auch aus strategischen Gründen günstig war (vielleicht wäre es möglich, einen Korridor in Richtung Libyen zu schaffen). Italien war auch an Ägypten, Transjordanien, Syrien und Libanon interessiert und es wäre vital gewesen, den Suez-Kanal wirklich sicher zu machen. So gesehen kann man behaupten, dass Italien langfristig seinen „Lebensraum" im Mittelmeer anstrebte.

Die italienische Propaganda konzentrierte sich vor allem auf die Errungenschaften in Libyen, die in jeder erdenklichen Weise betont werden mussten. Das faschistische Italien und seine „historische Mission" im mediterranen Raum (im faschistischen Jargon) sollten in die Köpfe der Araber eingepflanzt werden. Erwähnenswert als Teil dieser Strategie war die Idee der Gründung eines Studienzentrums für junge orientalische Intellektuelle, die man auch durch Stipendien unterstützen wollte, damit sie sich mit der Geschichte Italiens vertraut machen und mit ihren italienischen Kommilitonen fraternisieren konnten. Dadurch sollte ein Bewegungskern mit Kontakten zur arabischen Welt entstehen, der weitere Propaganda betreiben konnte. Nicht ausgeschlossen waren auch konkrete Hilfen für die nationalistischen Bewegungen in Form von Waffen und Geld. In einem sich im Staatsarchiv befindenden Brief an Galeazzo Ciano aus dem Jahr 1936 wird dem Außenminister empfohlen, zu Politikern wie Ibn Saud, Schekib Arslan-Ihsan el-Giabri, Achem Atassi und Soubhi bey Baracat Kontakt aufzunehmen.

Irgendwann musste London auf diese Versuche reagieren, so dass man ab 1939 eine starke Intensivierung der antiitalienischen Propaganda konstatiert, die vor allem auf die Betonung der diktatorischen Merkmale der faschistischen Regierung erpicht war und ein idealisiertes Bild Londons vermittelte. Die italienische Propaganda hingegen war gnadenlos: Auf den Bildern sieht man folternde australische Soldaten, die zum Beispiel junge Frauen zu ihrem eigenen Vergnügen aus dem Fenster werfen und andere, die versuchen, sie unten zu fangen, auch zum Spaß. Oder man sieht nationalistische Kämpfer, die, einmal gefangengenommen, bis zum Hals begraben und zum Verdursten verurteilt werden, während lachende Briten ihr überflüssiges Wasser vor den Augen der Gefolterten einfach wegschütten. Oder man sieht die britische Polizei, die in Jerusalem den jungen 'Abd Allah al-'Afifi verhört und stundenlang in einer vereisten Kammer quält. Natürlich wurde die Realität auf diese Weise komplett verzerrt: Die Propaganda bezweckte eindeutig eine Dämonisierung des Feindes. Es kann in diesem Kontext nicht genug betont werden, dass das Ziel des Hasses auch die jüdische Bevölkerung war. Hingewiesen wurde im Rahmen dieses hässlichen Propagandakrieges auch auf die traditionelle schiitische Gefahr aus dem Iran. So entstand ein erschütterndes Bild: Die muslimische Welt sei von skrupellosen Feinden, Franzosen, Briten, Juden und Schiiten, umzingelt und würde demnach langsam, aber sicher erdrosselt.

Auch die Nationalsozialisten waren propagandistisch aktiv und hatten Propagandabüros in Istanbul und in Athen eingerichtet. Interessant ist, dass die Verantwortlichen in Berlin immer wieder unterstrichen, dass Deutschland die einzige Macht sei, die in ihrer Geschichte noch nie muslimisches Blut vergossen hatte. Spanien hatte zur Zeit der Reconquista und auch später verbissen gegen den Islam gekämpft, Portugal hatte eine ausgeprägte Kreuzzugmentalität, die die Portugiesen dazu brachte, in Marokko kriegerisch zu wüten (so wurde 1415 Ceuta erobert) und sogar in Calicut gegen den dortigen muslimischen Partikularismus und dessen kommerzielle Interessen zu kämpfen, Italien hatte den Libyen-Feldzug zu verantworten, Frankreich hielt seit 1830 Algerien in einer Knechtschaft, bei der die autochthone Bevölkerung ihrer Rechte systematisch beraubt wurde. Nur Deutschland steche angeblich heraus: Es habe sich im Ersten Weltkrieg sogar mit dem Osmanischen Reich verbündet, obwohl dieses als der „kranke Mann am Bosporus" bezeichnet wurde, es habe den Türken geholfen, mit ihnen gekämpft und fraternisiert. Die nationalsozialistische Propaganda drehte es so, dass Deutschland der einzige historische Freund der muslimischen Weltbevölkerung gewesen sei. Man achte auf die große Hypokrisie Hitlers, der mit dem Mufti von Jerusalem Gespräche führte, die Muslime jedoch hinter dessen Rücken aufgrund von seinem rassistischen Weltbild gewöhnlich als „Halbaffen" bezeichnete.

Auch das Mittel des Radios wurde benutzt, vor allem vor der militärischen Auseinandersetzung mit der britischen Kolonialverwaltung in Ägypten. Ein konkretes Beispiel soll diesen Aspekt veranschaulichen. Radio Bari strahlte am 17. Juli 1940 folgende Proklamation in arabischer Sprache aus:

> „Ägypter! Die britische Regierung drängt euer Land in den Ruin. Mussolini hat hoch und heilig versprochen, dass er keine weiteren Länder in den aktuellen Konflikt hineinziehen will, auch nicht Ägypten. Ihr sollt wissen, Ägypter, dass Italien lediglich gegen die feindlichen Streitkräfte Großbritanniens kämpft, die das ägyptische Territorium illegal besetzen und als Sprungbrett für Unternehmungen gegen Libyen nutzen. Italien beabsichtigt, die Unabhängigkeit und die Souveränität Ägyptens zu respektieren, sowie seine Institutionen und seine Freiheit. Italien hegt genau euren Wunsch: Ägypten von der britischen Besatzung oder von der Besatzung anderer Länder zu befreien. Die Achsenmächte wollen die Briten aus Ägypten vertreiben, in Zusammenarbeit mit den Ägyptern selbst, so dass dem Land seine vollständige Unabhängigkeit ermöglicht wird. Falls die Umstände Italien dazu zwingen, Kriegsakte gegen das ägyptische Territorium zu vollziehen, weil die Italie-

ner von den britischen Truppen, die Ägypten besetzt halten, angegriffen werden, so verpflichtet sich das italienische Oberkommando in aller Form, dass die Truppen nur so lange in Ägypten bleiben wie unbedingt notwendig.
Ägypter! Erinnert euch an das, was in Spanien geschehen ist, wo die nationalen Truppen Italiens für die Integrität dieses Landes gekämpft haben. War das Ziel einmal erreicht, wurden sie ohne Weiteres abgezogen, ohne dass die Unabhängigkeit oder die territoriale Einheit Spaniens in irgendeine Weise verletzt wurde.
Ägypter! Euer Land ist von Großbritannien misshandelt worden. Das infame anglo-ägyptische Traktat hat euch nicht nur nicht von der britischen Besatzung befreit, sondern es war für euch in jeder Weise desaströs. Vor fünf Jahren war Ägypten eines der wenigen Länder auf der Welt, das eine aktive Finanzbilanz und immense Ressourcen vorzuweisen hatte. Mit diesem Traktat haben die Engländer alle Ressourcen verbraucht und es wurde dafür gesorgt, dass das Land aufgrund von unverantwortlichen Käufen von Waffen und anderem Kriegsmaterial Schuldner Londons wurde. Das alles geschah nicht im Interesse Ägyptens, sondern des egoistischen Imperialismus Großbritanniens. Heute verhungert der ägyptische *Fellah*, damit die Waffen des englischen Unterdrückers bezahlt werden können, welcher sich, aus Angst vor eurer gerechten Reaktion, bemüht, die ägyptische Armee zu entwaffnen, so dass die letzte nationale Wiedergeburt gegen den Unterdrücker vereitelt wird.“[35]

Einen großen Rückschlag stellten die Ereignisse im Irak und in Ägypten dar. Da die Fakten allgemein bekannt sind, wird hier lediglich auf das Wesentliche hingewiesen: Die irakische Regierung unter der Führung von Nuri as-Said und dem Regenten Abdul-Ilah stellte sich diplomatisch auf die Seite Churchills und provozierte somit einen Armeeputsch, der sich am 1. April 1941 ereignete. Der bereits erwähnte al-Gailani, der Mann Berlins, kam an die Macht und ließ die Briten im Land angreifen. Auch der englandfreundliche Regent Emir Abdul-Ilah floh aus Bagdad. Al-Gailani konzentrierte seine Angriffe zunächst auf ein Ausbildungslager der Royal Air Force in Habbanyia, wo sich nach einigen Quellen bis zu 9.000 Zivilisten befanden, aber die Briten erhielten Verstärkung aus Indien. In der Nacht vom 3. auf den 4. Mai 1941 griffen kampferprobte Soldaten die Truppen al-Gailanis an, die sich bald zurückzogen. Die deutsche Luftwaffe versuchte, die Iraker zu unterstützen, aber den Briten gelang es am 30. Mai, Bagdad zu erreichen. Al-Gailani musste sich nach Persien absetzen.

Auch Syrien war eine Bedrohung. In seinen Kriegsmemoiren schreibt Winston Churchill dazu:

„In Syrien war die Gefahr nicht weniger bedrohlich und waren unsere Mittel nicht weniger beschränkt. Syrien gehörte zu den vielen Überseebesitzungen Frankreichs, die sich durch die Kapitulation der französischen Regierung gebunden fühlten, und die Vichy-Leute taten ihr Bestes, um zu verhindern, dass sich Angehörige der Levante-Armee unseren Kräften in Palästina anschlossen. [...] Bis zum Jahresende trafen noch viele weitere Deutsche ein und schürten, mit reichlichen Mitteln versehen, die antibritischen und antizionistischen Tendenzen unter den arabischen Völkern der Levante. [...] Von ihren

[35] Vgl. Archivio Storico del Ministero degli Affari Esteri-Roma, Affari politici, Italia, 73, 1940-Propaganda Radio Bari. Auch wiedergegeben in De Felice, Renzo, 2018. *Il fascismo e l'Oriente. Arabi, ebrei e indiani nella politica di Mussolini*, Milano: Luni, S. 45.

> Stützpunkten auf dem Dodekanes aus richtete die Luftwaffe bereits Angriffe gegen den Suezkanal; sie konnte aber auch, besonders mit Luftlandetruppen, von hier aus gegen Syrien nach Belieben operieren. Von Syrien aus hätten die Deutschen dann Ägypten, die lebenswichtige Kanalzone und die Petroleumraffinerien in Abadan mit ununterbrochenen, direkten Luftangriffen bedrohen können. Und unsere Landverbindung zwischen Palästina und dem Irak wäre nicht weniger gefährdet gewesen."[36]

Syrien wurde von den Briten besetzt: Die Siege im Irak und in Syrien waren für Großbritannien von großer Bedeutung, da die deutschen Truppen nun nicht mehr in der Lage waren, vom Mittelmeer aus in Richtung Osten vorzustoßen. Das Problem verlagerte sich jedoch nach Kreta: Deutsche Fallschirmjäger unter dem Kommando von Kurt Student nahmen die Insel innerhalb von acht Tagen ein, selbst wenn dieser Sieg sehr verlustreich war. Hitler nannte die Insel „den Friedhof der Fallschirmjäger".

Die kriegerischen Auseinandersetzungen in Nordafrika mündeten in der Schlacht von El-Alamein (Oktober 1942 – Februar 1943), nord-östlich der Kattara-Senke und westlich von Alexandria (zwischen Alexandria und Marsa Matruh). Nachdem Auchinleck als Kommandant der Briten durch Montgomery ersetzt worden war, konnte auch der „Wüstenfuchs" Erwin Rommel gegen die materielle Übermacht und die stärkere Moral der britischen Truppen zum Glück nichts mehr unternehmen, auch weil diese, wie man heute weiß, über *Ultrasecret* verfügten (eine Maschine, die Enigma entschlüsseln konnte). Auch landeten 1943 amerikanische und französische Truppen in Tunesien, sodass die Achsenmächte, zerrieben zwischen zwei schwierigen Fronten, die Region nur noch evakuieren konnten.

Mit der Niederlage in El-Alamein und der Landung der amerikanischen und französischen Truppen in Tunesien ging *de facto* auch die „arabische" Politik Mussolinis zu Ende. Ab diesem Augenblick ging es in Italien nur noch darum, den unglücklichen Krieg an der Seite Nazi-Deutschlands so bald wie möglich zu beenden. Adolf Hitler und Benito Mussolini hatten davon geträumt, den Suez-Kanal zu erreichen und sich mit der Unterstützung der antibritischen Bewegungen über den Nahen Osten mit den deutschen Truppen im Kaukasus zu vereinen, um dann einen Schlag gegen Moskau und eventuell sogar gegen Indien (auch mit der Komplizenschaft der vorrückenden Japaner nach dem Imphal-Feldzug) zu starten. Dieser napoleonische Traum wurde in militärischen Kreisen in Berlin tatsächlich ernstgenommen, ein Umstand, der ziemlich viel über die geistige Haltung der italienischen und deutschen Strategen aussagt.

Es scheint uns folgende Hypothese vertretbar: Das faschistische Italien nutzte alle möglichen Mittel, um bestimmte Völker und Stämme in seinem Sinne zu beeinflussen. Eine klare Politik bezüglich der arabischen Welt kann erst in späten Jahren konstatiert werden und sie geht mit taktischen und strategischen Zielen einher, die sehr häufig einen gewissen Opportunismus an den Tag legten

---

[36] Churchill, Winston S., 2013. *Der Zweite Weltkrieg*, 7. Aufl. Frankfurt a. M.: Fischer, S. 502.

und deren Prioritäten immer wieder je nach politischer Lage nachjustiert wurden. Im Gegensatz zu den Nationalsozialisten war die Diplomatie des Faschismus zunächst frei von rassistischen Konnotationen, so dass die arabische Welt von Mussolini ein echtes, genuines Entgegenkommen erwartete und tatsächlich mit dem Faschismus gemeinsame Methoden und Ziele entdeckte. Ein wahres Interesse Italiens an der arabischen Welt bestand jedoch nur im Sinne der Mittelmeerstrategie Roms, mit dem langfristigen Ziel der Verdrängung der Briten und Franzosen zwecks weiterer Expansion der Italiener in der Levante und der utopischen Übernahme einer Weltmachtrolle in einer Ära, in der die Geschichte eigentlich in eine ganz andere Richtung tendierte. Die „historische Mission" Italiens, von der Mussolini immer wieder seine Reden würzte, war paradoxerweise aufgrund ihres Anachronismus zum Scheitern verurteilt und band Energien und Kräfte, die Italien im eigenen Land dringend gebraucht hätte, selbst wenn festgestellt werden muss, dass wenige militärische Aktionen auf arabischem Territorium durchgeführt werden konnten.

An dieser Stelle könnte man auf die Politik Mussolinis in Bezug auf Indien blicken. Die Thematik wird in der Regel als dermaßen exotisch und nebensächlich betrachtet, dass sich sehr wenige Studien damit beschäftigen und die richtige Konklusion treffen. Im Allgemeinen kann Folgendes behauptet werden: Bis zum Jahr 1940 hatten weder der Regierungschef Mussolini noch sein Außenminister Ciano eine klare politische Agenda bezüglich der britischen Kronkolonie. Zwar las Mussolini viel über das Thema, jedoch sind Hinweise auf das Entwerfen einer konkreten politischen Ausrichtung seiner Regierung nicht bekannt bzw. nicht überliefert. Die Notwendigkeit, sich mit Indien auseinanderzusetzen, wurde erst mit dem Ausbruch des Konfliktes gegen Großbritannien bewusst. Aber selbst dann scheint zum Beispiel Ciano kein großes Interesse an den Tag gelegt zu haben. Seine Äußerungen zu den Indern in seinem Tagebuch sind relativ respektlos und verständnislos, offenbar neigte der italienische Außenminister dazu, Indien eine klare Position in der Weltpolitik abzusprechen. Cianos Mentalität war ziemlich beschränkt und vor allem sehr eurozentrisch. Das mag verwundern, da er mehrere Jahre lang als Diplomat in China tätig gewesen war, jedoch erweist sich die Analyse seines Tagebuchs als ziemlich aufschlussreich für seine oberflächliche und extrem eitle Persönlichkeit. Zudem war dieser Eurozentrismus ein weitverbreitetes Merkmal bei den damaligen europäischen Politikern. Sowohl Hitler als auch Mussolini zogen nie in Erwägung, dass der Kriegseintritt der USA eine große Entlastung für Großbritannien bedeuten würde. Eine interessante Anekdote scheint dies zu bestätigen: Als Mussolini am 11. Dezember 1941 den USA den Krieg erklärte, riet der Journalist Giovanni Ansaldo dem Außenminister Ciano, Mussolini das Telefonbuch von New York zu zeigen, dann würde er verstehen, warum die Amerikaner den Krieg gewinnen würden (das italienische bestand nämlich aus lediglich 32 Seiten).[37]

Mehrere Persönlichkeiten der indischen Politik und Kultur wie Mahatma Gandhi (1869–1948), Jawaharlal Nehru (1889–1964), Subhash Chandra Bose (1897–1945) und Mohammed Iqbal Shedai waren Gäste in Rom. Jedoch war die Begeisterung, zum Beispiel in Bezug auf Gandhi, von italienischer Seite eher mäßig. Es darf nicht vergessen werden, dass die Doktrin der absoluten Gewaltlcsigkeit genau das Gegenteil des faschistischen Weltbildes repräsentierte. Der Faschismus sah das Leben als ständigen Kampf an und die Gewalt als Motor der Geschichte (in diesem Fall stellt man den Einfluss der Lehre von Vilfredo Pareto fest, dessen Vorlesungen an der Universität von Losanna Mussolini besucht hatte). Die Begegnung mit Gandhi muss für die italienischen Politiker eine große Herausforderung gewesen sein, da sie für seine Lehre nur Unverständnis übrighatten.

Mit dem Kriegseintritt der Japaner und deren Burma-Feldzug musste Rom jedoch eine Indien-Politik entwickeln. Zur Entlastung des Lesers können die Ereignisse kurz rekapituliert werden.

Die militärischen Eroberungen Japans in der Anfangsphase des Zweiten Weltkrieges waren unter den beeindruckendsten in der gesamten Menschheitsgeschichte. Angefangen mit dem vom Admiral Yamamoto entworfenen und geleiteten Angriff auf Pearl Harbour am 7. Dezember 1941 zeigten die Japaner eine unglaubliche Durchschlagskraft, die sie innerhalb weniger Wochen bis nach Hongkong (8.–26. Dezember) führte. Vom 10. Dezember bis zum 9. Juni, dem Tag, an dem der Widerstand in Mindanao eingestellt wurde, gelang es der 14. Armee von General Homma, die Philippinen zu erobern, wobei Manila am 2. Januar 1942 eingenommen wurde. Die 25. Armee von Yamashita aus Hainan eroberte vom 8. Dezember 1941 bis zum 15. Februar 1942 (dieses Datum markierte das Ende des britischen Überseeimperiums) Malakka und Singapur (Kuala Lumpur fiel am 11. Januar). Dann wandte sich das japanische Oberkommando nach Burma. Die Invasion ging vom Dezember 1941 bis zum Mai 1942. Die 15. Armee unter General IIda musste sich nach Norden durchkämpfen in Richtung Tenasserim, Tavoy, Rangoon (8. März).[38]Mit der Landung in Rangoon teilte sich die japanische Angriffslinie in zwei Hauptrichtungen: Im Osten visierten die Japaner Mandalay an,

---

[37] Zitiert nach Petacco, Arrigo, 2015. *La storia ci ha mentito. Dai misteri della borsa scomparsa di Mussolini alle „armi segrete" di Hitler, le grandi menzogne del Novecento,* Milano: Mondadori, S. 204.

[38] Die japanische Militärführung beabsichtige eine demonstrative Erniedrigung der weißen Kriegsgefangenen, die vor den Augen der koreanischen, chinesischen und thailändischen Bevölkerung gequält und ausgehungert wurden. Diese Völker sollten miterleben, dass die ehemaligen weißen Herren nun zu Sklaven der japanischen Armee degradiert worden waren, dass also die weiße Rasse nicht unbesiegbar war (aber das hatte Japan schon mit dem Russisch-Japanischen Krieg 1905 gezeigt) und dass die Japaner die neuen Herren über Ostasien waren. Erwähnenswert ist an dieser Stelle eine Passage von Niall Ferguson (2004,

während sie im Westen Indien erreichten und die Assam-Region gefährdeten. Aber ab Mai 1942 entschieden sich die japanischen Oberbefehlshaber für eine defensive Strategie. Das Problem bestand vor allem in der Gefahr einer Überforderung der Streitkräfte, die an so vielen Fronten kämpfen mussten. Zwangsweise musste die anfänglich aggressive Strategie in eine sichere Konsolidierung des Erreichten übergehen, um eine Rationalisierung der zukünftigen Pläne angesichts der auf dem Feld errungenen Eroberungen zu ermöglichen.[39] Eventuell witterten die Briten eine Chance des Gegenangriffes, doch mussten sie zuerst die mit einer Besetzung einhergehenden gewaltigen logistischen Schwierigkeiten überwinden, ein Umstand, der die Assam-Region zum Sprungbrett für eine Rückeroberung der Region machen sollte. Was die meisten Historiker in diesem Zusammenhang immer wieder betonen, ist, dass die anderen Kriegsschauplätze vom Oberkommando der Alliierten zweifellos priorisiert wurden, so dass für General Wavell recht wenig übrigblieb. Ein Beispiel mag dies veranschaulichen: Der erwähnte General verlangte für den geplanten Feldzug 185 Lokomotiven, erhielt

Empire. How Britain made the modern world, London: Penguin, S. 343): „Yet there was more to the ill treatment of Britih prisoners than (as sometimes claimed) a mere mistranslation of the Geneva Convention. By 1944 the British authorities had begun to suspect ‚an official policy of humiliating white prisoners of war in order to diminish their prestige in native eyes.' They were right. In 1942 Seishiro Itagaki, the Commander-in-Chief of the Japanese Army in Korea, told the Prime Minister Hideki Tojo: ‚it is our purpose by interning American and British prisoners of war in Korea, to make the Koreans realize positively the true might of our Empire as well as to contribute to the psychological propaganda work for stamping out any ideas of worship of Europa and America which the greater part of Korea still retains at bottom.' The same principle was applied throughout Japanese-occupied Asia. [...] Now, in one of the great symbolic reversals of world history, the Japanese forced 60.000 British and Australian PoWs [...] to construct 250 miles of railway through the mountainous jungle on the Thai-Burmese border [...]." Zu den expansionistischen Zielen Japans in Korea soll ergänzend Folgendes gesagt werden: Korea geriet, wie bereits erwähnt, sehr früh ins Visier der politischen und militärischen Führung des Landes der aufgehenden Sonne. Schon im 16. Jahrhundert führte der Ehrgeiz des *kampaku* Toyotomi Hideyoshi (1536–1598) zu zwei Korea-Feldzügen (1592 und 1597) mit dem expliziten Ziel, die Halbinsel vom „Joch" der Ming-Dynastie (1368–1644) zu befreien und dieses durch das japanische zu ersetzen (Toyotomi Hideyoshi war auch für ein antijesuitisches Edikt im Jahr 1587 und für die öffentliche Bestrafung von 26 Christen und Missionaren, die vor Hideyoshi mit Oda Nobunaga gute Beziehungen aufgebaut hatten, im Jahre 1597 in Nagasaki verantwortlich). Nach der Tokugawa-Ära (1603–1868) startete die japanische Führung einen erneuten Versuch mit dem ersten Chinesisch-Japanischen Krieg 1894–1895, welcher zum Friedensvertrag von Shimonoseki führte, der unter anderem das Ende des chinesischen Protektorats über die koreanische Halbinsel bedeutete. Diese wurde 1905 als Folge des Russisch-Japanischen Krieges zum japanischen Protektorat degradiert und im Jahr 1910 endgültig von Japan annektiert (bis 1945).

39 Vgl. zu diesem Thema Liddell Hart, Basil H., 1970. *Storia militare della seconda guerra mondiale*, Milano: Mondadori, Bd. 1, S. 509–514. Sehr nützlich erwies sich auch Cartier, Raymond, 2014. *La seconda guerra mondiale*, Milano: Mondadori, S. 438–445.

jedoch nur vier.[40] Japan beabsichtigte mit dem Burma-Feldzug auch einen Würgegriff gegen China,[41] doch weigerte sich Chang-Kai-Schek (1887–1975) aus mehreren Gründen, Wavell zu unterstützen. So blieb die Arakan-Offensive (Dezember 1942 – Mai 1943) der einzige Versuch eines Gegenschlages, vielleicht eher zwecks Ermunterung der Soldaten und zur Verbesserung der Moral, erwies sich jedoch als totales Debakel; der schlecht organisierte Versuch, Aykab und dessen Flugplätze zu erobern, mündete in einen würdelosen Rückzug. Eigentlich hätte sich eine gut geplante und mit Durchsetzungsvermögen geführte Offensive aus taktischen Gründen gelohnt, denn die Tatsache, dass die japanische Präsenz im Indischen Ozean nun Realität geworden war, warf die Frage auf, was passieren würde, wenn die Marine von Hideki Tojo Ceylon angreifen bzw. erobern würde. Wäre es nicht möglich, dass sie die Route um das Kap der Guten Hoffnung gefährden würde, die für die Kriegsführung in Nordafrika und die Versorgung der dort kämpfenden Truppen so essenziell war?

Wie man leicht feststellen kann, war Indien von den Kriegsgeschehnissen tangiert. Dieser Kriegsschauplatz war vielleicht nicht primär, warf jedoch Fragen strategischer und taktischer Natur auf. Dies musste in Rom zur Einsicht der Notwendigkeit einer klaren, nicht oberflächlichen Indien-Politik führen. Die indischen Nationalisten ersuchten Hitler und Mussolini mehrmals um eine Stellungnahme bzw. eine offizielle Erklärung zugunsten der indischen Unabhängigkeit (ein Land, welches sich seit Ende des Siebenjährigen Krieges 1756–1763 in britischen Händen befand). Aber schon dieser lediglich politische Schritt stellte ein großes Problem dar: Hitler gefiel die Idee überhaupt nicht und nicht nur einmal hatte er sich kategorisch geweigert, Chandra Bose zu empfangen.

Mussolini konnte nicht verstehen, warum sich Hitler nicht für die Freiheit Indiens engagieren wollte. Als Bewunderer der japanischen „Rasse" und des japanischen Wesens an sich wollte er die Japaner gegen die Briten in Indien unterstützen. Doch wie zuvor – mehrmals hatte er Hitler für sein Unverständnis für die italienischen Interessen im Mittelmeer (im faschistischen Jargon das *Mare Nostrum*) kritisiert – musste er zusehen, wie Hitler die Chance eines Schlags gegen Churchill ungenutzt ließ, zumal die antiitalienische und antideutsche Propaganda in Indien in dieser Phase ihren Höhepunkt erreicht hatte. Aber dies

40 Vgl. Liddell Hart, Basil H., 1970. *Storia militare della seconda guerra mondiale*, Milano: Mondadori, Bd. 1, S. 510.

41 Seit dem Jahr 1937 versuchten die Japaner, in China Fuß zu fassen, jedoch waren sie sofort auf heftigen Widerstand gestoßen, zumal die Chinesen von den Amerikanern unterstützt wurden und über die sogenannte *Burma-Road* Kriegsmaterial, Waffen und Sonstiges erhielten. So kann der Griff nach Holländische Indien (für das lebenswichtige Erdöl auf Java und Sumatra) und Ceylon als Versuch einer Notlösung verstanden werden. Die Rivalität zwischen China und Japan rekurriert auffällig oft in der Geschichte der beiden Länder und kulminiert ab 1937 von japanischer Seite im Kampf um die Erschaffung der sogenannten Großasiatischen Wohlstandssphäre. Vgl. dazu Zöllner, Reinhard, 2013. *Geschichte Japans. Von 1800 bis zur Gegenwart*, 3. Aufl. Paderborn: Schöningh, S. 271–283.

kann ohne Weiteres erklärt werden. Hitler hatte zwar auch eine gewisse Idiosynkrasie gegenüber den Indern, vor allem aus rassistischen Gründen. Eins steht aber fest und muss bei der Auseinandersetzung mit der Thematik des Zweiten Weltkrieges stets berücksichtigt werden: Hitler strebte, wie *Mein Kampf* nahelegt, eine Ko-Weltherrschaft mit Großbritannien an. Die germanische „Rasse" hatte seiner Ansicht nach das Recht, über den Planeten zu herrschen (Mussolini selbst sagte einmal, dass man mit dem „Führer" nur auf einer rassistischen Ebene argumentieren müsse, um Erfolg zu haben. Nach dem Sieg über Frankreich im Jahre 1940 startete Hitler eine regelrechte Friedensoffensive in Richtung London; die Briten sollten ihr Kolonialreich ruhig behalten – nach seiner Meinung war England die einzige Macht, die dazu in der Lage war –, jedoch verlangte er von ihnen freie Hand in Europa. Freilich hatte er mit dem eisernen Willen von Churchill nicht gerechnet, welcher auch aus Gründen der Gerechtigkeit unter den Völkern agierte. Bis zuletzt klammerte Hitler sich an diesen unmöglichen Traum.

In der Abhandlung *Der Untergang* von Joachim Fest liest man folgende interessante Passage:

> „Alles hing von England ab, und England, erklärte er [Hitler], habe sich ihm, geführt von kurzsichtigen und bornierten Politikern, immer wieder versagt. Wenn das Schicksal doch, klagte er, einem alternden und verkalkten England ‚einen zweiten Pitt' geschenkt hätte ‚anstelle dieses verjudeten halbamerikanischen Trunkenboldes' Winston Churchill. Dann hätte er sich das Inselreich mit ganzer Kraft der Erhaltung und dem Wohl des Empire widmen können, während Deutschland bei freiem Rücken seiner Bestimmung gefolgt wäre, ‚meinem Lebensziel und der Ursache für den Aufstieg des Nationalsozialismus: der Ausrottung des Bolschewismus'."[42]

Hitlers frühere Geliebte Unity Mitford (1914–1948), eine junge englische Aristokratin (möglicherweise handelte es sich um eine platonische Liebe), träumte zum Beispiel von einer Union zwischen dem „König des Meeres" (Georg VI.) und dem „König des Landes" (Hitler) und unternahm sogar einen Selbstmordversuch, als die beiden Länder sich den Krieg erklärten. Unsere Hypothese ist, dass Mitford, die übrigens eine fanatische Antisemitin war und auf nationalsozialistischen Parteitagen gerne Hetzreden auf Englisch hielt, diese Vorstellung einer Aufteilung der Weltherrschaft zwischen England und Deutschland von Hitler selbst hatte: In ihrer Bewunderung für Hitler hatte sie *Mein Kampf* gelesen und das fanatische Weltbild ihres Meisters internalisiert. Es existieren auch andere Anekdoten, die dieses Postulat untermauern. Als Hitler zum Beispiel das Unternehmen *Seelöwe* gegen England startete, gab er den Befehl, junge SS-Soldaten auszusuchen, die die britischen Frauen nach dem Sieg schwängern sollten, um eine neue, nicht degenerierte „germanische Rasse" ins Leben zu rufen.[43] Und als

---

42 Vgl. Fest, Joachim, 2006. *Der Untergang. Hitler und das Ende des Dritten Reiches. Eine historische Skizze*, 6. Aufl. Hamburg: Rowohlt, S. 97–98.

43 Vgl. Spinosa, Antonio, 2001. *Churchill. Il nemico degli italiani*, Milano: Mondadori, S. 191.

die Briten in Indien gegen die Japaner Schwierigkeiten hatten, verriet er seinen militärischen Beratern, er hätte gewünscht, den Engländern mehrere Panzerdivisionen zur Hilfe zu schicken. Man könnte die Liste fortsetzen: Manche Quellen berichten, dass sich Hitler einmal zu Beginn des Kriegs drei britische Kriegsgefangene vorführen ließ. Er beobachtete ihre Zigaretten, ihre Uniform, schaute sie sich genau an und sagte ihnen anschließend, sie sollten ihrer Regierung mitteilen, dass er mit London nur den Frieden wollte und dass die britische Regierung diesen jederzeit haben könne.

Diese Anekdoten bzw. diese historisch gesicherten Aussagen des deutschen Diktators sind in diesem Kontext von Bedeutung, denn sie zeigen, wie enttäuscht er über die Weigerung Churchills war, Frieden zu schließen und sich die Welt zu teilen. Sie beweisen auch, dass Hitler an einem Vorwärtskommen des indischen Nationalismus nicht wirklich interessiert war: Dieser passte schlicht nicht in sein Weltbild. Ein weiterer indirekter Beweis ist die Art und Weise, wie indische Studenten an deutschen Universitäten behandelt und diskriminiert wurden.

Was Italien anbelangt, so heißt es, dass die oben erwähnte offizielle Erklärung zugunsten der indischen Unabhängigkeit, welche die Nationalisten sich von Deutschland und Italien wünschten, auch ein Wunsch von den Japanern war und nach ihrer Meinung so bald wie möglich öffentlich gemacht werden sollte, und zwar im Namen der Achse Rom–Berlin–Tokio.[44] Eine solche Erklärung erfolgte jedoch nie. Die nationalistischen Bewegungen in Indien waren in dieser Phase der Geschichte ziemlich schwach. Vielleicht hatten die Inder mehr Angst vor der Brutalität der Japaner – die einzige Macht, die der indischen Bevölkerung gegen Großbritannien hätte helfen können – als vor den Briten, so dass die im Vorfeld so sorgfältig überlegten Pläne ohnehin keine wirkliche Chance hatten. Die Indien-Projekte endeten *de facto* im Jahre 1943 mit der großen Krise der Achsenmächte und erwiesen sich als das, was sie schon immer gewesen waren: eine große Illusion.

2.2 Mussolinis Politik gegenüber den Juden

Der irrationale und exterminatorische Antisemitismus Nazideutschlands ist – neben der Sklaverei – die größte Schande in der Geschichte der Menschheit. Dies gilt selbstverständlich auch für den sinnlosen italienischen Rassismus und Antisemitismus und für die Rassengesetze vom Jahr 1938. Der Rassismus und der Antisemitismus sind zu jedem Zeitpunkt der Geschichte zu verurteilen.

Der Nationalsozialismus ist für Historiker immer noch schwer verständlich, gerade weil er sich außerhalb der Rationalität positioniert. Man kann von Hitler

[44] De Felice, Renzo, 2018. *Il fascismo e l'Oriente. Arabi, ebrei e indiani nella politica di Mussolini*, Milano: Luni, S. 219 f.

nicht behaupten, dass er seinen paranoiden Hass gegen das Judentum verheimlicht hätte. Schon in *Mein Kampf* (ein Buch, über das sich Mussolini immer wieder amüsierte; einmal sagte er einem Mitarbeiter, dieses wäre so langweilig und unstrukturiert, dass er es nie zu Ende lesen konnte) liest man Passagen wie diese:

> „Gab es denn da einen Unrat, eine Schamlosigkeit in irgendeiner Form, vor allem des kulturellen Lebens, an der nicht wenigstens ein Jude beteiligt gewesen wäre? [...] Ich war vom schwächlichen Weltbürger zum fanatischen Antisemiten geworden. [...] Als ich so durch lange Perioden menschlicher Geschichte das Wirken des jüdischen Volkes forschend betrachtete, stieg mir plötzlich die bange Frage auf, ob nicht doch vielleicht das unerforschliche Schicksal aus Gründen, die uns armseligen Menschen unbekannt, den Endsieg dieses kleinen Volkes in ewig unabänderlichem Beschlusse wünsche? Sollte diesem Volke, das ewig nur dieser Erde lebt, die Erde als Belohnung zugesprochen sein? [...] Siegt der Jude mit Hilfe seines marxistischen Glaubensbekenntnisses über die Völker dieser Welt, dann wird seine Krone der Totentanz der Menschheit sein, dann wird dieser Planet wieder wie einst vor Jahrtausenden menschenleer durch den Äther ziehen."[45]

Allein diese Textstelle präsentiert ein (falsches, paranoides und krankes) Weltbild, das von billigen Verschwörungstheorien, von Hass und Verblendung ausgeht. Dies bedeutet auch, dass Hitler sich dieses Gedankengut schon sehr früh angeeignet hatte und sich dann nicht mehr weiterentwickelte. Seine Äußerungen waren immer im Geiste und Sinne der „Überlegenheit der arischen Rasse" und der „Gefahr der jüdischen Rasse", der zersetzende Absichten unterstellt wurden, verortet. Auch kurz vor seinem Tod im Berliner Bunker behauptete er, er würde es nicht bereuen, die Juden bedingungslos bekämpft und das deutsche Leben vom „jüdischen Gift" gesäubert zu haben.[46] Man kann nicht umhin, Hitler einen monolithischen, unbelehrbaren Antisemitismus zu bescheinigen, welcher sein politisches Leben begleitete und inspirierte. Hitler betrachtete es als seine Aufgaben, einen neuen Menschen zu schaffen, alle Juden auf der Erde zu vernichten, die arische Rasse in eine Zukunft ohne „minderwertige" Mitbürger zu überführen. Von moralischen Skrupeln war er nicht geplagt. Häufig sagte er seinen Mitarbeitern, dass nur er in der Lage sei, diese „historische Mission" zu erfüllen (zweifellos bezog er sich auf seine Skrupellosigkeit), und dass er sogar noch eifriger arbeiten müsse, da er schon im fortgeschrittenen Alter sei und nur noch wenig Zeit für sein Lebensziel habe. Das alles sagt über die kranke und paranoide Persönlichkeit Hitlers sehr viel aus.

Das antijüdische Verhalten Benito Mussolinis muss jedoch in einer historischen und individuellen Perspektive anders erklärt werden, da es abhängig von

---

45 Hitler, Adolf, 2016. *Mein Kampf. Eine kritische Edition*, München/Berlin: Institut für Zeitgeschichte, Bd. 1, S. 229–231.

46 Vgl. Fest, Joachim, 2006. *Der Untergang. Hitler und das Ende des Dritten Reiches. Eine historische Skizze*, 6. Aufl. Hamburg: Rowohlt, S. 99: „Es sei, bemerkte Hitler schließlich, überhaupt sein Mangel an Härte gewesen, der ihn um den schon sicheren Sieg betrogen habe. Zugute halten könne er sich lediglich, die Juden, wie er es nennt, mit offenem Visier bekämpft und den deutschen Lebensraum vom jüdischen Gift gesäubert zu haben."

unterschiedlichen Phasen extrem widersprüchlich ist. Wenn wir die überlieferten früheren Aussagen von Mussolini bzw. sein Verhalten studieren, stellen wir zumindest in dieser ersten Phase eine ganz andere Weltanschauung fest als bei Hitler. Immer wieder wiederholte er, dass der Rassismus etwas für Blonde sei.[47] Außerdem ist aus mehreren Gesprächen mit dem italienischen Diktator bekannt, dass ein biologischer bzw. religiöser Rassismus gegenüber den Juden nicht seiner Weltanschauung entsprach. Es hieß immer wieder aus Regierungskreisen, zum Beispiel von Dino Grandi, dass in Italien von einer „Judenfrage" keine Rede sein konnte, nicht nur, weil die jüdische Gemeinschaft relativ klein war (ungefähr 50.000 Juden, die in der Hauptstadt konzentriert waren), sondern hauptsächlich aus dem Grund, dass die in Italien assimilierten Juden enthusiastisch an der Risorgimento-Ära teilgenommen und für die Einheit Italiens gekämpft hatten. Auch im Ersten Weltkrieg hatten sie ihre Pflicht als national gesinnte Bürger erfüllt, so dass man sie nicht als Fremdkörper ansah. Mussolini ließ 1935 sogar mitteilen, dass die Kooperation zwischen Orient und Okzident die *conditio sine qua non* eines dauerhaften Friedens auf der Welt darstellte. Man solle, so Mussolini weiter, von der Idee einer Überlegenheit und Unterlegenheit mancher Völker oder Rassen absehen.[48] Seiner Meinung nach war Italien aufgrund seiner Geschichte gegen diese Art von Rassismus immun. An dieser Stelle zitieren wir einen interessanten Passus Hannah Arendts aus dem berühmten journalistischen Bericht *Eichmann in Jerusalem. Die Banalität des Bösen*:

> „Assimilation, dieses oft missbrauchte, ideologisch so belastete Wort, war einfach eine Tatsache in Italien, das eine Gemeinde von nicht mehr als 50.000 einheimischen Juden besaß, deren Geschichte bis in die Jahrhunderte des Römischen Imperiums zurückreicht. In Italien war Assimilation keine Form der Lebenslüge, keine Sache, an die man zu glauben oder für die man sich einzusetzen hatte wie in allen deutschsprachigen Ländern, noch war sie ein Mythos und offenkundiger Selbstbetrug wie vornehmlich in Frankreich. [...] Was in Dänemark das Ergebnis eines echten Sinnes für Politik war, eines anerzogenen

---

47 Vgl. dazu Montanelli, Indro, 2002. *Soltanto un giornalista, testimonianza resa a Tiziana Abate*, Milano: Rizzoli, S. 9. Hier heißt es: „Quel giorno ero con tutto il gruppo dell',Universale', la rivista di Berto Ricci, che il Duce aveva convocato al completo. Mussolini era vestito di bianco, con la camicia nera. S'alzò e ci passò in rassegna, grave e corrucciato, chiedendoci i nomi ad uno ad uno. Quando sentì il mio, corrugò la fronte e disse: ,Mi pare di avere letto un vostro articolo contro il razzismo'. Assentii. ,Bravo!' scandì squadrandomi dal basso in alto. ,Il razzismo è roba da biondi.' Si riferiva ai tedeschi, ma per combinazione io ero biondo come il grano. Poi, soddisfatto dello scherzo, scoppiò in una risata. Ridemmo tutti."

48 Zitiert nach De Felice, Renzo, 2018. *Il fascismo e l'Oriente. Arabi, ebrei e indiani nella politica di Mussolini*, Milano: Luni, S. 198, Anm. 24.

Verständnisses für die Voraussetzungen und die Verpflichtungen, die Bürgertum und Unabhängigkeit garantieren, das war in Italien Ausfluss einer fast automatisch gewordenen, alle Schichten erfassenden Humanität eines alten und zivilisierten Volkes."[49]

Die Argumentation kann an dieser Stelle weiter untermauert werden. Es ist bekannt, dass Mussolini Nietzsche gerne gelesen und nach eigenen Angaben im Original studiert hatte. Er ließ sich von ihm inspirieren und mehrmals erzählte er, dass die Philosophie von Nietzsche ihn von seinem Sozialismus geheilt hätte. Als Mussolini nach seiner Verhaftung von deutschen Soldaten befreit wurde, schenkte ihm Hitler kurz darauf zu seinem 60. Geburtstag die *Opera Omnia* des berühmten Philosophen des *Übermenschen*, dessen Werke der gestürzte Diktator gerne noch einmal lesen wollte. Auch in *Pensieri Pontini e Sardi* zitiert Mussolini mehrmals seinen Lieblingsphilosophen. Diese Indizien legen die Vermutung nahe, dass ein Teil des Gedankenguts Mussolinis auf Nietzsche zurückzuführen ist, dass diese Jugendlektüre für ihn prägend gewesen war und geistige Spuren hinterlassen hatte. Und das ist der springende Punkt: Nietzsche war viel zu intelligent, um ein Judenhasser zu sein. In seiner Abhandlung *Jenseits von Gut und Böse* liest man Passagen wie diese:

„Dass die Juden, wenn sie wollten – oder, wenn man sie dazu zwänge, wie es die Antisemiten zu wollen scheinen –, jetzt schon das Übergewicht, ja ganz wörtlich die Herrschaft über Europa haben könnten, steht fest: dass sie nicht darauf hin arbeiten und Pläne machen, ebenfalls. Einstweilen wollen und wünschen sie vielmehr, sogar mit einiger Zudringlichkeit, in Europa, von Europa ein- und aufgesaugt zu werden, sie dürsten danach, endlich irgendwo fest, erlaubt, geachtet zu sein und dem Nomadenleben, dem „ewigen Juden", ein Ziel zu setzen –; und man sollte diesen Zug und Drang [...] wohl beachten und ihm entgegenkommen: wozu es vielleicht nützlich und billig wäre, die antisemitischen Schreihälse des Landes zu verweisen."[50]

Wenn man davon ausgeht, dass Nietzsche für Mussolini eine Art philosophisches Vorbild war, dann musste er auch diesen Passus kennen.

Natürlich bewegen sich die obigen Argumente im Rahmen des Hypothetischen und doch passen sie eindeutig ins nachgezeichnete Gesamtbild: Vom Sozialismus stammend, war die antisemitische Ideologie Mussolini in der ersten Phase seines Denkens eher fremd. Der Historiker Renzo De Felice hat zum Beispiel darauf hingewiesen, dass der italienische Diktator bis 1938 eine prozionistische Haltung hatte und sogar Druck auf Hitler ausüben wollte, damit dieser die

---

49 Arendt, Hannah, 2008. *Eichmann in Jerusalem. Ein Bericht von der Banalität des Bösen*, München: Piper, S. 281–283. Vgl. auch Mattarucco, Tomaso, 2016. *Mussolini und seine Zeit. Betrachtungen über den italienischen Faschismus*, Kiel: Ludwig, S. 117 f.

50 Nietzsche, Friedrich, 2007. *Jenseits von Gut und Böse*, Stuttgart: Reclam, S. 172. Allerdings muss man auch sagen, dass Nietzsche, der sich bekanntlich, auch laut eigener Aussage, häufig widersprochen hat, auch gegen das Judentum argumentiert hat, so zum Beispiel in *Der Antichrist*, Aphorismus 24.

antisemitischen Maßnahmen nach seiner Machtergreifung 1933 mildert.[51] In dieser aufschlussreichen Studie heißt es auch, dass diese Haltung für Mussolini hauptsächlich dem Zweck diente, die Spannung in Palästina zu schüren und somit England zu schaden.[52] Eventuell muss diese Konklusion revidiert werden, vor allem wenn man bedenkt, dass Mussolini schon konkret an den Äthiopien-Feldzug dachte und ihm die Auseinandersetzung mit London nur geschadet hätte: Für diesen Feldzug brauchte er unbedingt grünes Licht von Paris und London, um welches er sich monatelange bemühte. Welchen Nutzen hätte er von einem Streit um Palästina gehabt, zumal die europäischen Mächte über den Laval-Hoare-Plan zur Vermeidung der italienischen Invasion in Äthiopien diskutierten?

Festgestellt werden kann also Folgendes: In seiner frühen Phase seiner menschlichen und politischen parabelförmigen Karriere widerstrebe der Antisemitismus Mussolini explizit. Er selber berief sich immer wieder auf völlige Fehlen einer antisemitischen Mentalität in Italien. In seinen *Colloqui con Mussolini* (1932) sagt er dem deutschen Journalisten Emil Ludwig:

> „Der Antisemitismus existiert nicht in Italien. Die italienischen Juden haben sich als Bürger immer gut verhalten und auch als Soldaten haben sie immer tapfer gekämpft. Sie besetzen hochrangige Posten an den Universitäten, in der Armee, in den Banken. Viele von ihnen haben den Rang des Generals."[53]

Dieser Umstand darf und kann ihn selbstverständlich nicht entschuldigen, im Gegenteil: Wenn er später zum Rassisten wurde, dann weil er seine Opfer zu seinen politischen Zwecken instrumentalisieren wollte, was ihn moralisch endgültig diskreditiert.

Bevor unsere Argumentation fortgesetzt wird, scheint uns ein kurzer Überblick über die Judenfeindlichkeit in der Geschichten Italiens zwecks Verstärkung der präsentierten Schlussfolgerungen gewinnbringend. Natürlich besteht die Gefahr einer gefährlichen Schematisierung. Jedoch sind historische Entwicklungen auch insofern wichtig, als sie eine gewisse Mentalität mitprägen und Auswirkungen auf das weitere Denken und Agieren der Völker haben. Rein methodisch müsste man als Historiker tiefe Kenntnisse in vielen Disziplinen besitzen, wie zum Beispiel in der Numismatik, der Wirtschaft, der Religion, der Politik, der Soziologie, der Archäologie, der Philosophie und der Wissenschaftsgeschichte.

---

51 Vgl. De Felice, Renzo, 2018. *Il fascismo e l'Oriente. Arabi, ebrei e indiani nella politica di Mussolini*, Milano: Luni, vor allem das Kapitel „La carta sionista", S. 125–186.

52 Vgl ebenda, S. 149.

53 Ludwig, Emil, 2001. *Colloqui con Mussolini*, Milano: Mondadori, S. 55. Die Übersetzung ins Deutsche wurde vom Autor dieses Buches angefertigt. Diese *Colloqui* haben nicht nur eine sehr interessante Rezeptions-, sondern auch Publikationsgeschichte. Mussolini versuchte 1932, die Veröffentlichung dieser Interviews mit dem berühmten Journalisten jüdischer Abstammung Emil Ludwig hinauszuzögern, welcher schon Stalin interviewt hatte, da er angeblich mit der Übersetzung ins Italienische nicht zufrieden war. De Felice behauptet jedoch, dass er viel zu ehrlich gewesen war und Argumente politischer Natur angeführt hatte, die seiner Meinung nach nicht in die Öffentlichkeit hätten gelangen dürfen.

Der vorsichtige Umgang mit den Quellen im Lichte der eigenen Expertise ist natürlich legitim und löblich. Er kennzeichnet auch den größten Teil meiner Arbeitsweise. Die Gefahr, die dabei entsteht, ist die Unfähigkeit einer Synthese, die einen klaren Überblick ermöglicht und zur Stellung der richtigen Fragen führt. Der folgende Überblick erhebt folglich nicht den Anspruch der Vollständigkeit, sondern er versucht, das Essenzielle zusammenzufassen. Damit soll eine Problematik inhaltlich geschärft werden, die aufgrund ihrer Komplexität und ihrer Tragweite schon an sich eine große Herausforderung darstellt. Zwar können dazu an dieser Stelle nur einige Hinweise gegeben werden, die aber einen roten anzeigen, an dem man sich zur Erfassung und zur Erschließung der gestellten Frage ohne Weiteres orientieren kann.

Die Römer kannten den Rassismus in der heutigen Form überhaupt nicht. Ein wichtiges Merkmal des römischen Reiches waren der Wille und die Fähigkeit, den besiegten Feind ins Reich zu integrieren. Die Römer hatten keltische und griechische Lehrer und Angestellte und diese wurden als normale Mitbürger betrachtet. Mit der Zeit empfanden sie das Judentum vielleicht als „anders", aber einfach in dem Sinne, dass sie innerhalb einer polytheistischen Welt eine monotheistische Religion besaßen, so dass sie in ihrem Glauben sozusagen hervorstachen. Mit Pompeius kamen die Römer 63 v. Chr. in Kontakt mit der jüdischen Welt und wurden in die Auseinandersetzungen in der Region immer heftiger involviert. Juden waren, erzählt Sueton, zum Beispiel an der Verbrennungsstätte Caesars nach dessen Ermordung anwesend,[54] da dieser eine judenfreundliche Politik betrieben hatte. Dagegen definierte der oft so hochgepriesene Cicero zur selben Zeit das Judentum als *barbara superstitio* und die Juden schlicht als das Volk, das Pompeius besiegt hatte. Es dürfte überdies weniger bekannt sein, dass Caesar im *Bellum Alexandrinum* dem jüdischen Kontingent von Antipater, aus Syrien und Palästina kommend, seine Rettung zu verdanken hatte. Caesar befand sich in Alexandria; die ptolemäische Führung hatte Pompeius ermorden lassen, vielleicht um sich den Führer der Popularen vom Hals zu schaffen, aber der römische Feldherr blieb eine Weile in der Stadt, lernte Kleopatra VII. kennen, die sich später mit Antonius gegen Oktavian/Augustus verbünden würde, und ließ sich in die dortigen politischen Angelegenheiten verwickeln. Als die Stadt revoltierte, erschien zum richtigen Zeitpunkt die Flotte von Mithridates aus Pergamon, die die Ägypter in Pelusium besiegte. Antipater und Mithridates begaben

54 Sueton, *De Vita Caesarum*, I, 84,5: *In summo publico luctu exterarum gentium multitudo circulatim suo quaeque more lamentata est praecipueque Iudaei, qui etiam noctibus continuis bustum frequentarunt.* („Während dieser höchsten Staatstrauer wehklagte die Menge der ausländischen Völker im Kreis je nach ihrer Sitte, besonders Juden, die sogar viele Nächte hintereinander die Verbrennungsstätte besuchten.")

sich anschließend in Richtung Alexandria, wo sie Caesar gegen die Männer von Ptolemaios XIII. militärisch unterstützten.[55]

Was die Juden in der Antike anbelangt, so werden normalerweise zwei wichtige Daten genannt: 70 n. Chr. und die Jahre zwischen 132 und 135. Im Jahre 66 n. Chr. wurde Titus Flavius Vespasianus das Kommando über die Truppen übertragen, welche den jüdischen Aufstand in und um Jerusalem zu unterdrücken hatten. Auch sein Sohn Titus erreichte ihn in Ptolemais mit einer weiteren Legion. Nach kurzer Zeit fielen die Städte Jotapata und Tiberias. Bekanntlich hielt sich die Festung Masada dank einem fanatisierten Widerstand länger als alle anderen und wurde erst nach drei Jahren Belagerung erobert. Der spätere Aufstand (132–135) unter Kaiser Hadrian ist als der Bar-Kochba-Aufstand in die Geschichte eingegangen, der mit der endgültigen Diaspora des jüdischen Volkes endete. So kamen die Juden allmählich nach Europa und mussten sich in eine Welt einfügen, in der das Christentum bereits Fuß gefasst hatte, mit der Folge, dass die jüdische Bevölkerung als Störung empfunden wurde. Diese Situation radikalisierte sich zusehends im Mittelalter, einer Epoche des religiösen Fanatismus und der Intoleranz; nur in Spanien konnte das arabisch-jüdische Element zum Teil zu einer kulturell produktiven Verschmelzung gelangen. Die berüchtigten mittelalterlichen Pogrome sind ein klares Zeichen eines religiösen Hasses, der sich unter anderem aus wirtschaftlichen Motiven speiste und dazu führte, dass die Kreuzzüge auch darauf zielten, die jüdischen Gemeinden auf dem Weg ins Heilige Land zu zerstören. Interessant ist, dass Italien zu Beginn der Moderne von den meisten Juden als ein unproblematisches Land bezeichnet wurde, in dem man in relativem Frieden leben konnte. Verfolgte Juden nannten Italien „die Insel des göttlichen Taus“.[56]

Juden durften im Mittelalter kein Land besitzen oder an den Korporationen teilnehmen, was ja einem sozialen Tod gleichkam. Das Praktizieren des „Wuchers“ war ihnen gestattet, da es sich um eine Aktivität handelte, die den Christen untersagt war. Die Ghettoisierung in den Städten erfuhr nach 1215 eine kirchliche Institutionalisierung und eine der späten Folgen war die Ausweisung der jüdischen Bürger aus mehreren Ländern. 1496 wurde diese Maßnahme auch auf die sogenannten Marranen (*Conversos*) ausgedehnt. Die Sepharden siedelten nach Holland, Italien und Nordafrika über, während die Aschkenazim tendenziell für Deutschland, Polen, Ungarn und Russland optierten. Für die meisten Christen handelte es sich bei den Juden um das Volk, das sich des Gottesmordes schuldig gemacht hatte: Sie hatten Jesus ans Kreuz schlagen lassen. Auch mussten Juden, auch in manchen arabischen Ländern, ein Identifikationszeichen tra-

55 Diesem Thema widmet der bekannte Althistoriker und klassischer Philologe Luciano Canfora ein ganzes Kapitel seiner Caesar-Biografie: Canfora, Luciano, 1999. *Giulio Cesare. Il dittatore democratico*, Bari: Laterza, Kapitel „Cesare salvato dagli ebrei“, S. 233–242.

56 Vgl. Saracini, Eugenio, 1977. *Breve storia degli ebrei e dell'antisemitismo*, Milano: Mondadori, S. 132 f.

gen (normalerweise eine Kopfbedeckung). Am 31. März 1492 beschlossen Ferdinand von Aragon und Isabella von Kastilien, dass alle Juden bis zum 2. August das Land zu verlassen hatten. Diese Judenfeindlichkeit war in Spanien nicht neu, aber dieses Edikt stellte eindeutig den Höhepunkt der Judenverfolgung auf der iberischen Halbinsel dar. 1412 waren zum Beispiel in Valladolid sehr strenge Maßnahmen eingeführt worden, die eine scharfe Trennung zwischen Christen und Juden bewirken sollten. Nach dem Fall von Granada am 2. Januar 1492 war Spanien wieder vereint, so dass der nächste politische Schritt nach der Meinung der Krone auch die religiöse Einheit sein musste. Viele Juden gingen nach Italien und Portugal, wo König Johannes II. sie gegen einen bestimmten Betrag ins Land ließ. Im Juli 1492 waren die Juden auf Sardinien gezwungen, die Insel zu verlassen. Die Israeliten auf Sizilien wurden gezwungen, bis zum 12. Januar 1493 die Insel zu verlassen. In Deutschland wurde die Situation eher im Laufe des 13. Jahrhunderts kritisch. Am 19. April 1283 wurde in Mainz ein regelrechtes Pogrom initiiert, da in der Stadt die Leiche eines christlichen Kindes entdeckt worden war und der abergläubige Pöbel behauptete, dass seine Amme es den Juden für einen Ritualmord verkauft hatte, Man denke auch an das Massaker von Rintfleisch (1298). Noch problematischer wurde die Lage für die deutsche jüdische Bevölkerung im Zusammenhang mit dem Schwarzen Tod (1348/49).[57]

Dass die Judenverfolgungen eher auf religiöse Gründe zurückzuführen waren, ist allgemein akzeptiert. Ein Beispiel mag dies veranschaulichen. Der Philosoph Karl Jaspers bemerkte einmal, dass Hitler das getan hat, was von Luther empfohlen worden war (mit Ausnahme der Konzentrationslager und der Gaskammern).[58] In Luthers Schrift *Von den Juden und ihren Lügen* aus dem Jahr 1543 liest man:

> „Und euch, meine lieben Herren und Freunde, soweit ihr Pfarrer und Prediger seid, will ich hiermit pflichtgemäß an euer Amt erinnern, damit auch ihr eure Pfarrkinder warnt vor dem ewigen Schaden durch die Juden, was ihr ja wohl könnt, damit sie sich vor den Juden hüten mögen und sie meiden, wo sie nur können, aber sie sollen sie nicht sehr verfluchen oder ein persönliches Leid antun. Denn die Juden haben sich selbst schon allzu sehr verflucht und beleidigt, indem sie den Menschen Jesus von Nazareth, Marias Sohn, verfluchen, wie sie dies leider schon seit 1.400 Jahren tun. [...] Wenn du einen Juden siehst oder an einen denkst, so sage dir selbst: Also schau, das Maul, das ich da sehe, hat jeden

57 Vgl. Veronese, Alessandra, 2013. *Gli ebrei nel medioevo*, Milano: Jouvence, S. 96–102.

58 Vgl. 2016. *Luthers judenfeindliche Schriften*, Bd. 1: *Von den Juden und ihren Lügen*, 2. Aufl. Aschaffenburg: Alibri, S. 9. Karl Jaspers ist der Philosoph, der sich mit der abstrakten, aber auch juristischen Kategorie der Schuld auseinandersetzte. Er unterschied eine kriminelle (trifft alle Verbrecher), eine politische (trifft alle Staatsangehörigen), eine moralische (trifft die Untätigen bzw. die wissenden Mitläufer) und eine metaphysische Schuld (trifft alle Überlebenden). Vgl. dazu *Metzler Lexikon der Philosophie*, 2008, hrsg. von Peter Prechtl und Franz-Peter Burkard, 3. Aufl. Stuttgart/Weimar: Metzler, S. 541.

Sonnabend meinen lieben Herrn Jesus Christus, der mich mit seinem treuen Blut erlöst hat, verflucht, verwünscht und bespuckt."[59]

Nach Luthers Meinung waren Juden herrschsüchtige Tyrannen und die Christen waren angeblich ihre Gefangenen und Untertanen. Es muss in diesem Kontext noch einmal betont werden, dass die Feindlichkeit gegenüber der jüdischen Bevölkerung in dieser Phase der Geschichte kein biologischer Rassismus war. Ein zum Christentum konvertierter Jude war Christ, kein Jude mehr.

1544 ließ Karl V. alle Juden aus dem Königreich Neapel verbannen und sein Sohn Philipp II. ließ 1597 trotz heftigen Widerstandes aus dem Herzogtum alle 900 Juden der Lombardei verweisen.[60] Es ist sogar von einigen Jesuiten überliefert, die ansonsten eine wissenschaftliche Elite darstellten und sich durch eine extrem weltoffene Mentalität auszeichneten, dass sie sich den als Juden geborenen und später konvertierten Mitbrüdern überlegen fühlten, ja dass sie stolz auf ihre reine „Rasse" waren. Man könnte mit den Beispielen leider fortfahren: Im Jahr 1496 heiratete der portugiesische König Manuel der Glückliche Prinzessin Isabella von Spanien und die Vertreibung aller Juden, die nicht zum Christentum konvertieren wollten, war der „Brautpreis" für Manuels Heirat.

Dank der Aufklärung konnten die europäischen Juden endlich eine erste Emanzipation erfahren. Im 19. Jahrhundert erlebte man jedoch einen großen Rückschlag: Pseudowissenschaftler wie Heinrich von Treitschke (1834–1869) und Arthur de Gobineau (1816–1882) entwickelten einen irrationale und biologistische Rassismustheorie: Nun war die Zugehörigkeit zum jüdischen Volk keine Frage der Religion mehr, sondern der Biologie. Mit anderen Worten: Konvertierte Juden wurden *de facto* nicht mehr als Christen angesehen. Wie man leicht feststellen kann, musste dieser Schritt zu katastrophalen Folgen führen. Das Motto „Die Juden sind unser Unglück" aus der Abhandlung *Deutsche Geschichte im 19. Jahrhundert* warf einen unheimlichen Schatten bis 1945 und wurde unter anderem zum Schlagwort der antisemitischen Zeitung *Der Stürmer* von Julius Streicher. Der biologistische Rassismus von Treitschke und de Gobineau erwuchs aus ihrem religiösen Hass und stellte zugleich eine Intensivierung bzw. eine neue Stufe des Bösen darstellte, welche bis zur Publikation der *Protokolle der Weisen von Zion* (1903) führte.[61] Es ist schwierig, sich all die unglücklichen Folgen

59 Luther, Martin, 2016. *Luthers judenfeindliche Schriften*, Bd. 1: *Von den Juden und ihren Lügen*, 2. Aufl. Aschaffenburg: Alibri, S. 259.

60 Vgl. Parker, Geoffrey, 2005. *Un solo re, un solo impero, Filippo II di Spagna*, Bologna: Il Mulino, S. 230.

61 Vgl. Brumlik, Micha 2020. *Antisemitismus*, Stuttgart: Reclam, S. 47 f.: „Die völkischen und späteren nationalsozialistischen Rassebegriffe, die zwischen Obskurantismus, angestrengt naturwissenschaftlicher Haltung und einer willkürlichen geisteswissenschaftlichen Bestimmung von „Rasse" schwankten, illustrieren die Debatten, die schlussendlich zu den rassistischen ‚Nürnberger Gesetzen' aus dem Jahre 1935 führten. Bei der Vorbereitung dieser Gesetze konkurrierten zwei Schulen: Auf der einen Seite berechneten die von Gregor Mendel inspirierten Erbgenetiker die jüdischen bzw. nichtjüdischen Anteile einer

vorzustellen, welche dieses Pamphlet langfristig verursachte. Es ist so plump, idiotisch und populistisch, dass es sehr verwunderlich ist, dass diese Schrift eine so mächtige Wirkungsgeschichte vorzuweisen hat. Möglicherweise handelte es sich um eine Fälschung der zaristischen Polizei, um der jüdischen Bevölkerung zu schaden. Vielleicht kann dieses Pamphlet sogar als späte Folge des tödlichen Attentats auf Alexander II. kategorisiert werden, welches zu einem heftigen Pogrom führte, obwohl sich nur ein Student jüdischer Abstammung unter den Attentätern befand. Hitler machte sich das Gedankengut der *Protokolle* zu Eigen und baute darauf seine ganze Weltphilosophie auf, wie aus seinem *Mein Kampf* leicht zu entnehmen ist, in dem er sogar die Authentizität des Pamphlets beweisen will.

Ausgehend von den oben erwähnten Hinweisen auf die Geschichte des Antisemitismus kann vermutet werden, dass dieses Phänomen weltweit präsent und verwurzelt war, dass es jedoch in Italien nur bis zu einem gewissen Grad auf fruchtbaren Boden stieß. Dies mag arg schematisiert erscheinen, war aber zur Zeit des Mussolini-Aufstiegs ein von vielen als so empfundener Fakt. Natürlich bedeutet das sicher nicht, dass Italien keine Formen des Rassismus kannte – im Gegenteil. Man denke z. B. an den fanatischen Antisemiten Giovanni Preziosi, der jedoch in der ersten Phase des Faschismus auch aufgrund von seiner starken Judenfeindlichkeit vom Zentrum der Macht entfernt wurde.[62] Aber der Rassismus war nicht so massiv ausgeprägt wie in Deutschland oder Osteuropa, wenn

---

Person nach mathematischen Verteilungsmodellen und kamen so zu den mit unterschiedlichen Folgen belasteten Typen von ‚Halb-', ‚Viertel-', und ‚Achteljuden'. Auf der anderen Seite standen die sogenannten Kontagionisten [...] – der bekannteste unter ihnen war der thüringische Gauleiter Arthur Dinther (1876–1948), den Adolf Hitler (1889–1945) schließlich aus der Partei ausschloss. Sie vertraten die Überzeugung, dass schon der einmalige Geschlechtsverkehr einer nichtjüdischen Frau mit einem jüdischen Mann dazu führe, dass dessen Erbgut in ihren Blutkreislauf Eingang finde. Das habe die Konsequenz, dass auch dann, wenn eine ‚arische' Frau mit einem ‚arischen' Mann ein Kind zeuge, in dessen Blut jüdisches Erbgut zirkuliere. Arthur Dinther hat diese Wahnvorstellung in seinem Roman *Die Sünde wider das Blut* entfaltet."

62 In der interessanten Abhandlung De Felices *Intellettuali di fronte al fascismo* widmet der große Mussolini-Experte der Figur von Preziosi ein ganzes Kapitel. Wir vertreten die Meinung, dass diese Entscheidung alles andere als glücklich war. Preziosi war kein Intellektueller, obwohl er Philosophie studiert hatte, sondern lediglich ein derber und pöbelhafter Verschwörungstheoretiker, der sich ausschließlich der Waffe der Demagogie bediente. Er hasste auch das Freimaurertum und sah überall Gefahren für das italienische Leben. Er hatte kaum Einfluss in der goldenen Phase des Faschismus und wurde von Mussolini sogar als Unglücksbringer betrachtet. Warum De Felice ihn der Kategorie *Intellektualität* zuordnet, ist nicht ersichtlich. Vgl. De Felice, Renzo, 2018. *Intellettuali di fronte al fascismo, Saggi e note documentarie,* Milano: Luni editrice, S. 128–189, Kap. *Giovanni Preziosi e le origini del fascismo* (1917–1931).

auch aus anderen Gründen als dem der Menschlichkeit. Mussolini hatte einmal sogar gesagt, dass es möglich sei, die Juden zu „ariarisieren“.[63]

Als der Äthiopien-Krieg Anfang Oktober 1935 begann, war folgendes Lied sehr populär:

> Se tu dall'altopiano guardi il mare,
> moretta che sei schiava tra gli schiavi,
> vedrai come in sogno tante navi
> e un tricolor che sventola per te.
> Faccetta nera, bell'abissina,
> aspetta e spera che già l'ora s'avvicina.
> Quando saremo vicino a te,
> noi ti daremo un'altra legge e un altro re.
> La legge nostra è schiavitù d'amore,
> il nostro motto è libertà e dovere,
> vendicheremo noi camicie nere gli eroi caduti liberando te.
> Faccetta nera, bell'abissina,
> aspetta e spera che già l'ora s'avvicina.
> Quando saremo vicino a te,
> noi ti daremo un'altra legge e un altro re.
> Facetta nera, piccola abissina,
> ti porteremo a Roma liberata,
> dal nostro sole tu sarai baciata,
> sarai camicia nera pure tu.
> Faccetta nera, sarai romana,
> la tua bandiera sarà quella italiana,
> noi marceremo insieme a te
> e marceremo avanti al Duce e avanti al Re.
>
> *Übersetzung:*
> „Wenn du aus der Hochebene das Meer siehst,
> O schwarzes Mädchen, Sklavin unter den Sklaven,
> wirst du wie im Traum viele Schiffe sehen
> und eine Trikolore, die für dich weht.
> Schwarzes Gesicht, hübsche Abessinierin,
> warte und hoffe, da die Stunde naht.
> Wenn wir bei dir sein werden,
> werden wir dir ein anderes Gesetz und einen anderen König geben.
> Unser Gesetz ist Sklaverei der Liebe,
> unser Motto lautet Freiheit und Pflicht,
> wir Schwarzhemden werden die Helden rächen, die um deine Freiheit willen gefallen sind.
> Schwarzes Gesicht, hübsche Abessinierin,
> warte und hoffe, da die Stunde naht.
> Wenn wir bei dir sein werden,
> werden wir dir ein anderes Gesetz und einen anderen König geben.
> Schwarzes Gesicht, hübsche Abessinierin,

---

[63] Zitiert nach de Begnac, Yvon, 1950. *Palazzo Venezia. Storia di un regime*, Roma: La Rocca, S. 252.

> wir werden dich befreit nach Rom bringen,
> du wirst von unserer Sonne geküsst werden,
> und du wirst auch zu den Schwarzhemden gehören.
> Schwarzes Gesicht, du wirst Römerin sein,
> deine Flagge wird die italienische sein,
> wir werden zusammen mit dir marschieren
> wir werden vor dem Duce und dem König marschieren."

Der Verfasser dieses auch damals sehr umstrittenen Liedes wünscht sich die Befreiung der äthiopischen Mädchen und Frauen, die dann nach Rom gebracht werden und eine neue Heimat bekommen. Und die italienischen Soldaten hatten folgendes Motto: „E se l'Africa si piglia, si fa tutta una famiglia" („Wenn man Afrika erobert, macht man daraus nur eine Familie").[64]

Es muss nun erklärt werden, warum der italienische Diktator seine Meinung und seine Politik so radikal änderte. Im Jahr 1938 wurden kriminelle und beschämende antisemitische Gesetzte eingeführt. Am 5. August 1938 wurde in der Zeitschrift *La difesa della razza* („Der Schutz der Rasse") ein Manifest faschistischer „Intellektueller" publiziert, in dem unter anderem Folgendes schriftlich niedergelegt wurde:

1. Es wird festgestellt, dass die menschlichen Rassen tatsächlich existieren. Es handele sich nicht um eine Abstraktion des Geistes, sondern eine konkrete Realität, die mit unseren Sinnen wahrnehmbar sei. Die Behauptung, dass unterschiedliche menschliche Rassen existieren, müsse folglich als Tatsache akzeptiert werden.
2. Es sei ein „evidenter" Fakt, dass die unterschiedlichen Gruppen biologische Merkmale aufweisen.
3. Diese biologische Ebene bewege sich auf einer anderen Schiene als die historische, linguistische oder religiöse. Wenn die Italiener anders seien als die Franzosen, die Deutschen, die Türken, die Griechen, etc., dann weil ihre rassische Konstitution anders sei.
4. Die Mehrheit der italienischen Population sei arischer Rasse. Die arischen Stämme würden seit mehreren Jahrhunderten auf der italienischen Halbinsel leben. Wenig sei von den Merkmalen der prä-arischen Stämme übriggeblieben.
5. Der Beitrag von immigrierten Menschenmassen zur ethnischen Konstitution des italienischen Volkes sei eine bloße Legende. Es hieß in der Zeitschrift, nach der Invasion der Langobarden seien keine Völker in Italien gewesen, welche die ethnische Physiognomie der Nation hätten beeinflussen können. Die rassische Konstitution der Italiener sei also genauso wie vor tausend Jahren.

[64] Vgl. Petacco, Arrigo, 2018. *Faccetta nera. L'illusione coloniale italiana.* Milano: Utet, S. 199 f.

6. Es existiere eine „reine italienische Rasse", die sich tausend Jahre zurückverfolgen lasse: Diese Blutreinheit sei der größte Adelstitel der italienischen Nation.
7. Die Zeit sei gekommen, wo sich die Italiener als „rassistisches Volk" proklamieren sollten. Die Rassenfrage solle in Italien von einem biologischen Standpunkt betrachtet werden, da die Italiener dem „nördlich-arischen" Typ angehören würden.
8. Diese Erkenntnisse erhöben den Italiener zu einem höheren Bewusstsein seiner selbst und ließen ihn mehr Verantwortung wahrnehmen.
9. Es sei notwendig, zwischen den „europäischen Mittelmeervölkern" und den „orientalischen und afrikanischen Mittelmeervölkern" klar zu differenzieren. Die Theorien, die die afrikanische Herkunft einiger europäischer Nationen postulieren, seien gefährlich; diese Theorien würden auch die semitischen Stämme als eine einzige „Mittelmeerrasse" erfassen und dabei ideologische Sympathien und Beziehungen herstellen, die inakzeptabel wären.
10. Die Juden würden nicht „zur italienischen Rasse" gehören; auch die arabische Besetzung Siziliens habe keine Spuren hinterlassen. Die Juden würden das einzige Volk darstellen, welches sich in Italien nie assimilieren konnte, da es aus rassischen Elementen konstituiert sei, die nicht europäisch sind.
11. Die physischen und psychologischen Merkmale der Italiener dürften auf keinen Fall modifiziert werden. Nur im Rahmen der europäischen „Rassen" sei eine eventuelle Union möglich.

Wie man leicht feststellen kann, wurden dabei sehr viele Fehler historischer und philosophischer Natur begangen. Außerdem ist die Behauptung, dass die Biologie bei der Feststellung der „Rassen" eine Rolle spielt, falsch und manipulativ. Viele Schüler Lehrer und Angestellte wurden als Folge dieser politischen Wende entlassen und mussten unter den in der Folge erlassenen Rassengesetzen leiden.

Nun stellt sich für Historiker die Frage, warum Mussolini diese katastrophale Entscheidung traf. Federführend auf diesem Gebiet ist der bereits erwähnte Mussolini-Experte Renzo De Felice, welcher am Anfang der sechziger Jahre auf die explizite Bitte der jüdischen Gemeinde in Rom hin die Abhandlung *Storia degli ebrei italiani sotto il fascismo* (1961) verfasste.[65] In unserer Arbeit *Mussolini und seine Zeit. Betrachtungen über den italienischen Faschismus* haben wir die Argumentation De Felices wie folgt rekapituliert. Im Anschluss wollen wir unsere damalige Argumentation fortsetzen und mit neuen Hypothesen bereichern.

65 De Felice, Renzo, 1993. *Storia degli ebrei italiani sotto il fascismo*, Torino: Einaudi. Vgl. insbesondere S. 235–258.

1. Keine Äußerung Mussolinis legt die Vermutung nahe, dass er vor 1936/37 an einen biologischen Rassismus dachte, wie ihn die Nationalsozialisten propagierten. Für ihn waren die italienischen Juden sowohl *de facto* als auch *de jure* Italiener.
2. Ein Grund für seine Wandlung war die Stellungnahme einzelner Juden oder jüdischer Organisationen zum Äthiopienkrieg 1935/36 und zur Rolle Italiens im spanischen Bürgerkrieg. Mussolini kam auf die falsche Schlussfolgerung, dass das ganze internationale Judentum gegen ihn und den Faschismus sei.
3. Nach der Eroberung Äthiopiens (am 5. Mai 1936 kamen die italienischen Truppen nach Addis Abeba und der Diktator gründete ein paar Tage später das Imperium) wollte Mussolini eine rassische „Würde“ und ein rassisches „Gewissen“ in Italien entwickeln, so dass in den Kolonien eine seiner Meinung nach gefährliche Rassenkreuzung vermieden würde.
   Die autochthone Bevölkerung sollte sich also nicht mit der italienischen mischen. Mussolini ließ sogar italienische Bürger bestrafen, die indigene Frauen geheiratet oder zu Konkubinen gemacht hatten.
4. Nach der fantasievollen Meinung Mussolinis hätte diese neue Konzeption aus den Italienern ein „Herrenvolk“ gemacht, die richtige Voraussetzung für die Aufgaben, die das „imperiale“ Italien auf globaler Ebene vor sich hätte. Die Verknüpfung der rassischen Politik mit der Judenfeindlichkeit schien in seinen Augen deutlich vorhanden zu sein.
5. Ein weiterer Grund war zweifellos die Rolle der Entourage Mussolinis. Dieser war von Mitarbeitern umgeben, die dem Judentum deutlich abgeneigt waren. Sogar König Vittorio Emanuele III. hätte sich Balbo gegenüber bezüglich der Judenfrage sehr aggressiv geäußert. Auch De Bono, Starace, Bottai und Ciano hatten sich antisemitisch geäußert bzw. hießen die Rassengesetze gut.
6. Mussolini sprach häufig von „spirituellen Rassen“, in dem Sinne, dass die römisch-griechische und die jüdisch-christliche zwei unterschiedliche und gegensätzliche Auffassungen hätte: Die römisch-griechische glaube an das Heldentum, an den Kampf, die Opferbereitschaft und die Bedeutung der demografischen Entwicklung, während die jüdisch-christliche die Gerechtigkeit, den Frieden und die zynische und oberflächliche Modernität als Ideale habe, die den Menschen von der Natur und der Erde fernhalten und ihn egoistisch, materialistisch und individualistisch machen würden.
7. All diese Gründe können, nach der Meinung De Felices, die antisemitische Wende des Regimes nur zum Teil erklären. Hitler hatte in die Richtung keinen Druck gemacht, der staatliche Antisemitismus war einzig und allein die Entscheidung Mussolinis. Der wahre, entscheidende Grund sei, dass Mussolini beschlossen hatte, auf die Allianz mit Nazi-Deutschland einzugehen und er wollte Hitler ein „Pfand“, einen Obolus seiner Entscheidung geben.[66]

---

66 Vgl. Mattarucco, Tomaso, 2016. *Mussolini und seine Zeit. Betrachtungen über den italienischen Faschismus*, Kiel: Ludwig, S. 113 f.

Vor allem scheint dieser letzte Punkt von besonderer Bedeutung zu sein. Die Spannungen zwischen Frankreich und Großbritannien einerseits und Italien andererseits, deren Ursprung nicht nur auf die unterschiedliche Staatsform, sondern primär auf den Äthiopien-Feldzug zurückzuführen waren, drängten Italien politisch Nazi-Deutschland in die Arme. Man darf nicht glauben, dass Hitler aus freundschaftlichen oder kameradschaftlichen Gründen Mussolini bei seinem Äthiopien-Abenteuer unterstütze. Es ging vielmehr darum, den Diktator in Rom von den westlichen Demokratien loszulösen und ihn gleichzeitig im Hinblick auf einen eventuellen Österreich-Anschluss zu schwächen, welcher 1934 so kläglich gescheitert war (1934 wurde Engelbert Dollfuss getötet und 1938 internierten die Nazis Kurt von Schuschnigg). Mussolini hat also irgendwann die verhängnisvolle Entscheidung getroffen, sich an Nazi-Deutschland zu wenden und mit ihm das gemeinsame Schicksal zu teilen. War diese Entscheidung einmal getroffen, wollte er, wie auch in unserem *Mussolini und seine Zeit. Betrachtungen über den italienischen Faschismus* gezeigt,[67] Hitler unbedingt gefallen, ihm eine Art Obolus geben, damit dieser diese Allianz mit Italien ernstnahm. Man kann folglich vier Hauptphasen in der Geschichte des faschistischen Antisemitismus feststellen:

1. 1922 bis 1935. In dieser Phase verurteilt Mussolini den nationalsozialistischen und biologischen Antisemitismus und nimmt sogar eine prozionistische Haltung ein. Es handelte sich einfach um ein Thema, das kein großes politisches Potenzial hatte.
2. 1935 bis 1938. In dieser Phase distanziert sich Mussolini unter dem Eindruck einer möglichen Allianz mit Hitler vom Zionismus und lässt die opportunistische Möglichkeit offen, antisemitische Maßnahmen in Italien einzuführen. In diesen Jahren des Äthiopien-Feldzuges versuchte er sogar, in Äthiopien eine passende Region zu finden, in die alle italienischen Juden umgesiedelt werden sollten. Die Rede war vom Tana-See oder vom Dschuba-Gebiet.[68]
3. 1938-1943. Im Zweiten Weltkrieg galten in Italien widerwärtige antisemitische Maßnahmen, die jedoch nicht vergleichbar mit der fortschreitenden und sich dabei stetig steigernden Entrechtung der deutschen Juden im Dritten Reich waren und immer wieder gemildert wurden. Ein Beispiel kann diesen Umstand veranschaulichen: Als die italienische Armee zu Beginn des Krieges in Südfrankreich eindrang, verlangte der Sonderbeauftragte des Dritten Reiches für jüdische Angelegenheiten, Adolf Eichmann, die Übergabe von tausenden Juden, was die italienische Armee jedoch verweigerte.
4. 1943 bis 1945. Dies waren die Jahre der Salò-Republik, in deren 1944 in Verona schriftlich niedergelegten Verfassung explizit stand, dass alle sich auf italienischem Territorium befindenden Juden als Bürger einer „feindlichen

[67] Vgl. Mattarucco, Tomaso, 2016. Mussolini und seine Zeit. Betrachtungen über den italienischen Faschismus, Kiel: Ludwig, S. 114.

[68] Vgl. Lepre, Aurelio, 1995. *Mussolini l'Italiano. Il Duce nel mito e nella realtà*, Milano: Mondadori, S. 229.

Macht" angesehen werden sollten. Mussolini sagte einmal sogar, dass er Angst davor habe, dass afrikanische Truppen nach der Eroberung Roms durch die Alliierten zum ersten Mal in der Geschichte Italiens nicht als Sklaven, sondern als Herren durch die Hauptstadt laufen würden; dies würde ihn zutiefst demoralisieren.[69] Auch hier zeigt sich, wie tief Mussolini auch, moralisch gesunken war.[70] Eine regelrechte kriminelle Jagd auf Juden begann und sehr wenige versuchten, den Opfern zu helfen. Diese historische Schuld darf nicht vergessen werden.

Die Argumentation muss an dieser Stelle weiterentwickelt werden. Dieser opportunistische Rassismus ist natürlich nicht besser als der biologische. Jede Form von Rassismus und Diskriminierung ist wider die Natur, unmoralisch, kriminell und muss vor der Geschichte verurteilt werden. Die Problematik des opportunistischen Obolus an Hitler ist an sich einleuchtend, aber sie beantwortet nicht alle Fragen. Mussolini war in der kollektiven Vorstellung des Volkes der Mann, der „immer Recht hatte". Er war derjenige, der ein kleines Italien mächtig gemacht hatte, der ein Imperium gegründet hatte (wenn auch durch den Abbau der Freiheit und die Anwendung von Gewalt). Er war derjenige, an dem sich alle orientierten und der für die Verewigung seines eigenen Mythos gesorgt hatte.

---

69 Vgl. Franzinelli, Mimmo, 2012. *Il prigioniero di Salò. Mussolini e la tragedia italiana 1943–45*, Milano: Mondadori, S. 66.

70 In einem autobiografischen Text Mussolinis aus dem Jahr 1938 kann man Folgendes lesen: „Der faschistische Großrat unterstreicht die dringende Notwendigkeit der Rassenprobleme sowie die Notwendigkeit eines rassischen Bewusstseins als Folge der Eroberung des Imperiums und erinnert daran, dass der Faschismus seit 16 Jahren eine positive Politik betreibt, die auf eine quantitative und qualitative Verbesserung der italienischen Rasse abzielt; diese Verbesserung könnte durch Mischungen ernsthaft bedroht werden, was zu unermesslichen politischen Folgen führen könnte. Die Judenfrage ist nichts weiter als die nationale Frage eines allgemeinen Problems. So beschließt der faschistische Großrat Folgendes: a) Eheverbot zwischen italienischen Bürgern und Bürgerinnen und Elementen der jüdischen oder nicht-arischen Rasse. b) Verbot für die Staatsfunktionäre, ausländische Frauen, egal welcher Rasse, zu heiraten. c) Die Eheschließung zwischen Italienern und Italienerinnen und Ausländern arischer Rasse muss ab sofort im Vorfeld vom Innenministerium genehmigt werden. d) Verschärfung der Sanktionen gegen diejenigen, die auf den Gebieten des Imperiums das Prestige der Rasse zu unterminieren versuchen." Weiter hieß es: „Der Großrat erinnert daran, dass das internationale Judentum, vor allem nach der Abschaffung des Freimaurertums, auf allen Gebieten der Initiator des Antifaschismus gewesen ist und dass das interne und externe italienische Judentum – mit besonderen Höhepunkten, wie zum Beispiel während der Jahre 1924–25 und des Äthiopien-Kriegs – antifaschistisch gesinnt war. Die Einwanderung ausländischer Elemente, vor allem ab dem Jahr 1933, hat die geistige Haltung der italienischen Juden gegenüber dem Regime deutlich verschlechtert, welches das italienische Judentum auf keinen Fall akzeptieren kann, da es zur Psychologie, zur Politik und zum Internationalismus Israels antithetisch ist. Alle antifaschistischen Kräfte sind auf die Juden zurückzuführen; das internationale Judentum ist in Spanien auf der anderen Seite der Barrikade." Zitiert nach De Felice, Renzo, 1993. *Storia degli ebrei italiani sotto il fascismo*, Torino: Einaudi, S. 567 (Übersetzung des Autors dieses Buches).

Der Dekalog der faschistischen Miliz sah beispielsweise unter anderem Folgendes vor:[71]

1. Der Feind des Faschismus ist dein Feind. Du musst ihn jederzeit bekämpfen.
2. Die Disziplin ist die Sonne der Heere: Sie bereitet den Sieg vor und beleuchtet ihn.
3. Mussolini hat immer Recht.

Nach der Gründung des Reiches schlug König Vittorio Emanuele III. vor, er könne Mussolini zum Prinzen erheben. Er überlegte sogar, sich aus der Politik zurückzuziehen, wie ihm seine Frau Rachele Guidi nahelegte. Anscheinend dachte der nun in den Augen der meisten Italiener erfolgreiche Diktator tatsächlich darüber nach und zog in Erwägung, sich ausschließlich dem Studium der Geschichte und der Literatur und der Geige zu widmen. Doch er entschied sich anders. Es liegt die Vermutung nahe, dass er inzwischen zum Opfer seines eigenen Mythos geworden war. Er glaubte wirklich daran, in der Geschichte Italiens etwas Besonderes darzustellen. Ein Rückzug aus der Politik hätte seinem Prestige geschadet. Außerdem liebte er ja die Macht und die Popularität, wie Zeitgenossen immer wieder bezeugten. Zwanzig Jahre uneingeschränkter Macht sorgten jedoch auch für eine gewisse geistige Rückbildung. Diese könnte durch mehrere Beispiele aufgezeigt werden. In einem Brief vom 2. Juni 1944 an Adolf Hitler unterstützte Mussolini einen gewissen experimentellen Wissenschaftler namens Grossi. Der Brief lautet:

> „Nun komme ich zu einem anderen Thema, das jedoch den Krieg tangiert. Es handelt sich um eine Erfindung von einem italienischen Ingenieur, Grossi, der, da er ein Staatsfunktionär ist, mir persönlich bekannt ist. Ich habe ihn ungeachtet der gegensätzlichen Meinung einiger Experten bei seinen Versuchen der Verwandlung des Methans vom gasförmigen in den flüssigen Zustand unterstützt. Dieses Experiment war ein voller Erfolg und die Verwandlung dieses Gases kann sogar schon jetzt industriell praktiziert werden. Nun hat der Grossi wieder ein anderes Gas verflüssigt: Das Ergebnis könnte militärische Operationen auf viel größeren Strecken ermöglichen als bisher. Ich bitte Sie, Führer, mein Ersuchen anzunehmen. Sie sollen Grossi erlauben, zu Ihnen nach Deutschland zu kommen, so dass er den auf dem Gebiet von Ihnen ernannten Experten treffen kann. Die wissenschaftliche Seriosität von Herrn Grossi steht außer Zweifel."[72]

---

[71] Vgl. Guerri, Giordano Bruno, 1995. *Fascisti. Gli italiani di Mussolini. Il regime degli italiani*, Milano: Mondadori, S. 96.

[72] Zitiert nach Franzinelli, Mimmo, 2012. *Il prigioniero di Salò. Mussolini e la tragedia italiana 1943–45*, Milano: Mondadori, S. 33. Im italienischen Original: „Ed ora passo ad un altro argomento che ha sempre relazione con la guerra. Si tratta di una invenzione dovuta ad un ingegnere italiano, Grossi, che – funzionario dello stato – è da me personalmente conosciuto e fu da me aiutato, malgrado il contrario parere dei tecnici, nei suoi esperimenti per la conversione del metano da gas a liquido. Tale esperimento è riuscito e la trasformazione del metano da gas a liquido può già effettuarsi su scala industriale. Ora il Grossi ha risolto la trasformazione di un altro gas in liquido: il risultato sarebbe tale da permettere operazioni belliche su distanze più volte superiori alle attuali. Io Vi chiedo, Führer,

Er dachte wirklich, dass so eine „Erfindung“ den Kriegsverlauf ändern konnte.

Mussolini wollte, dass ihm nicht widersprochen wurde und suchte sich als Mitarbeiter Ja-Sager aus wie zum Beispiel Achille Starace (1889–1945, Parteisekretär 1931–1939). Er hatte angeblich immer Recht, sein Pragmatismus hatte ihn doch so weit gebracht. Diese Engstirnigkeit führte dazu, dass er die Juden als Instrument seiner Politik betrachtete und dass dieser in der Anfangsphase so erfolgreiche Pragmatismus skrupellos wurde. Es war eine Rückbildung, die anscheinend auch die moralische Sphäre tangierte und ihn zu einem Menschen machte, der nicht mehr moralisch denken konnte (und das war nie seine Stärke gewesen) und dem das Schicksal von Millionen von Menschen eher gleichgültig war.

Der spätere Antisemitismus Mussolinis war also die Folge von mehreren Faktoren: Die Rolle seiner Entourage, die Allianz mit Hitler, die geistig-moralische Degeneration als Folge des konsequent durchgeführten Aufbaus seines angeblichen Mythos. All diese Elemente und Faktoren erklären auch die präsentierten Phasen und den Grund, warum das Erwachen Mussolinis nach seinem Sturz am 25. Juli 1943 so schmerzhaft war: Er fragte einmal: „Wer hätte nach Dünkirchen auf das britische Pferd gesetzt?“, ein Satz, welcher auch den ganzen Sinn seiner Allianz mit Nazi-Deutschland erklärt. Der Diktator hatte gehofft, sich ohne große Verluste an den Siegertisch setzen zu können; als der ganzen Welt klar wurde, dass Frankreich der deutschen Wehrmacht nicht standhalten konnte, glaubte Mussolini, der Krieg wäre schon vorbei und stürzte sich mit Feuereifer in diesen mörderischen Krieg, der nur Tod und Zerstörung über die Welt brachte. Und wie Giuseppe Bottai einmal sagte: „Mussolini war der Mann, der immer Recht hatte, nun ist er der, der immer Unrecht hat.“[73]

Beendet wird dieses Kapitel mit einem passenden Zitat von Umberto Eco:

> „Das Untolerierbare als untolerierbar anzuerkennen heißt jedoch, dass in Nürnberg alle zum Galgen verurteilt werden mussten, auch wenn es nur einen Toten gegeben hätte, und das durch unterlassene Hilfeleistung. Das neue Untolerierbare ist nicht nur der Völkermord, sondern auch seine theoretische Rechtfertigung. Und diese betrifft auch die Handlanger des Massakers und macht sie mitverantwortlich. Angesichts des Untolerierbaren werden die differenzierten Diskurse über die Intentionen, den guten Glauben und den Irrtum hinfällig: Da gibt es nur noch die objektive Verantwortung. [...] Wir stehen hier vor der Epiphanie des Untolerierbaren, da gelten die alten Gesetze mit ihren mildernden Umständen nicht mehr.“[74]

---

di accogliere la mia preghiera: quella di permettere al Grossi di venire in Germania per prendere contatto con la persona più competente in materia che Vi compiacerete di indicare. La serietà scientifica del Grossi è fuori discussione.“

73 Zit. nach Petacco, Arrigo, 2006. *L'uomo della provvidenza. Mussolini, ascesa e caduta di un mito*, Milano: Mondadori, S. 228.

74 Eco, Umberto, 1998. *Vier moralische Schriften*, München/Wien: Hanser, S. 117 f.

3 Der Griechenland-Feldzug aus gekränkter Eitelkeit?

Am 28. Oktober 1940 wurde auf dem Balkan eine dritte Front eröffnet. Die italienischen Truppen waren schon in Äthiopien und in Nordafrika im Einsatz und kämpften verbissen gegen die Briten und deren Verbündete. Mussolini wollte einen Parallelkrieg zu Nazi-Deutschland führen, da er dies für das Prestige seines Landes für essenziell hielt: Italien sollte nicht im Schatten der mächtigen Deutschen seine Siege erringen, sondern als gleichwertiger Bündnispartner, der in der Lage war, den Kriegsverlauf entscheidend zu verändern.

Die meisten Historiker behaupten, dass die Gründe für die Entscheidung der Eröffnung dieser dritten Front noch nicht geklärt sind und zwar aus folgendem Grund: Griechenland war in der Tat neutral, es stellte also keine wirkliche Gefahr dar, zumal es von einem faschistisch inspirierten Diktator, Ioannis Metaxas (1871–1941), regiert wurde. Im Januar 1934 hatte dieser eine politische Bewegung übernommen, die eine Verstärkung der staatlichen Souveränität bezweckte und sich vom italienischen Faschismus inspirieren ließ. Vom General Condilis unterstützt, welcher parlamentarischen Regierungen eine ganze Reihe von Mängeln bescheinigte und die Fähigkeit zu regieren absprach, war eine neue politische Bewegung gegründet worden: Organossis Etuiki Kiriarchu Kratus. Es war sogar eine Art faschistische Miliz gegründet worden (1933), deren Generalsekretär Giorgio Mercuris geworden war, welcher als bekannter Faschismus-Forscher eine gewisse Autorität genoss. Diese Bewegung war bis zu 10.000 Mitgliedern angewachsen.[75]

Warum sollte es notwendig sein, das Land zu neutralisieren? Es heißt außerdem, dass Mussolini einfach wegen seiner Empörung gegenüber Hitler, der, ohne ihn im Vorfeld zu informieren, die Ölfelder von Ploesti in Rumänien besetzt hatte, diese schnelle und taktisch fragwürdige Entscheidung traf.[76] Denn der im Jahre 1938 unterzeichnete Stahlpakt sah einen ständigen Austausch von Informationen und die gegenseitige Benachrichtigung über die nächsten strategi-

---

75 In fast allen Ländern Europas entstanden spätestens seit 1934 faschistische Parteien, die sich an der italienischen orientierten. Erwähnenswert ist die portugiesische und außerhalb Europas die japanische. Dort hieß die Partei Nippon Kokka Shakai-to und ihr Anführer war Akamatsu. Sein Ziel war es, das parlamentarische System abzubauen und die Einparteienherrschaft einzuführen. Auch andere japanische Parteien waren faschistisch inspiriert, wie zum Beispiel die Nichou Nomin Kumnai. In Portugal wurde im Februar 1934 die Associacao Escolar Vanguardia gegründet, deren Ziel es war, den Kommunismus und das Freimaurertum zu bekämpfen. Weitere nennenswerte Parteien entstanden auch in Litauen, Irland, Island, Holland.

76 Vgl. Petacco, Arrigo, 1995. *La nostra guerra 1940–1945*, Milano: Mondadori, S. 39.

schen Schritte vor. Der italienische Diktator habe in diesem Zusammenhang gesagt, dass Hitler, sein Verbündeter, ihn immer vor vollendete Tatsachen stelle und er (Mussolini) ihn nun mit der gleichen Münze bezahlen wolle. Auch Galeazzo Ciano spielte dabei eine nicht zu unterschätzende Rolle, denn er wollte unbedingt an den militärischen Operationen teilnehmen und seine Macht in Albanien, das 1939 besetzt worden war, ausbauen. Ein hoher Armeeoffizier, Visconti Prasca, sagte sogar, dass die italienischen Truppen aufgrund ihrer Überlegenheit auf keinen Widerstand stoßen und problemlos nach Athen kommen würden. Der Griechenland-Feldzug wurde jedoch zur Katastrophe und zu einer unerhörten Demütigung für den früher so geliebten „Duce", wie die Italiener ihn nannten. Aurelio Lepre erzählt in einer wenig bekannten Abhandlung, Mussolini habe gesagt, er würde als Italiener „zurücktreten", wenn jemand bei der Auseinandersetzung mit den Griechen Schwierigkeiten haben und versagen würde. Er war sich sicher, dass die zahlenmäßige Überlegenheit der italienischen Truppen einen Sieg garantieren würde, und dabei wurde die Widerstandskraft der griechischen Soldaten extrem unterschätzt. Während einer Sitzung zur Vorbereitung des Angriffes hätten die „Strategen" Berge für Hügel gehalten und weitere grobe Fehler begangen.[77]

Interessant zu historischen Zwecken ist auch das Protokoll einer Sitzung vom 15. Oktober 1940, in der Mussolini mit Ciano, Badoglio, Soddu, Jacomoni, Roatta und Visconti Prasca die „Strategie" besprach:

> Mussolini: Das genaue Datum der militärischen Operationen kann vorgezogen, jedoch nicht nach hinten verschoben werden.
>
> Visconti Prasca: Die Kampfmoral der Truppen ist sehr hoch. Das einzige Zeichen der Indisziplin ist der zu große Eifer bzw. die Lust, endlich loszuschlagen, zu kämpfen.
>
> Mussolini: Über wie viele Kräfte verfügen Sie?
>
> Visconti Prasca: Über zirka 70.000 Soldaten und über Spezialkommandos. Im Vergleich zu den Griechen – es sind 30.000 Soldaten – haben wir eine zahlenmäßige Überlegenheit von zwei zu eins.
>
> Mussolini: Wissen Sie etwas über die Moral der Griechen?
>
> Visconti Prasca: Es sind keine Soldaten, die gerne kämpfen.
>
> Mussolini: Noch etwas: Nachdem wir das Datum festgelegt haben, geht es darum, wie wir die ganze Angelegenheit wie einen Zufall aussehen lassen.
>
> Jacomoni: Ich kann etwas an der Grenze organisieren: Auseinandersetzungen zwischen Albanern und griechischen Behörden zum Beispiel.
>
> Visconti Prasca: Wir haben französische Bomben zu einem falschen Angriff vorbereitet.
>
> Mussolini: Das alles ist eigentlich irrelevant: Es geht lediglich darum, die Öffentlichkeit an der Nase herumzuführen; nichtsdestotrotz können Sie so tun, als wäre ein wahrer *casus belli* vorhanden, wenn das geht.
>
> Ciano: Wann soll sich der Zwischenfall ereignen?
>
> Mussolini: Am 24. Oktober.
>
> Ciano: Am 24. sind wir dann so weit.

---

[77] Vgl. Lepre, Aurelio, 1995. *Mussolini l'Italiano. Il Duce nel mito e nella realtà*, Milano: Arnoldo Mondadori Editore, S. 271–273.

Mussolini: Niemand wird dran glauben, jedoch wird er im Hinblick auf eine Rechtfertigung metaphysischer Natur wichtig sein.[78]

Am 11. November 1940 war der gesamte Feldzug schon vorbei. Die griechischen Truppen, mutig und von General Alexandros Papagos (1883–1955) gut geführt, schlugen die Invasoren zurück. Das italienische Oberkommando wollte ursprünglich Thessaloniki und Athen erobern, nun musste es fürchten, aus Albanien vertrieben zu werden. Nach einigen Tagen teilte General Soddu Mussolini mit, dass es bald notwendig sein würde, die Griechen um einen erniedrigenden Waffenstillstand zu ersuchen, was Mussolini mit einem Wutanfall quittierte.

Joachim Fest schreibt dazu in seinem *Der Untergang*:

„Gleichzeitig habe er [Hitler] sich aber auch, fuhr er fort, Irrtümer zuschulden kommen lassen und Zugeständnisse gemacht. Die durch kein Interesse und keine Notwendigkeit gedeckt gewesen seien. Bei nüchterner Betrachtung müsse er seine Freundschaft zum italienischen Duce zu den größten Irrtümern zählen, die ihn jetzt womöglich den Sieg kosteten. Die Treue zu ihm habe ihn daran gehindert, sowohl in Nordafrika wie in der islamischen Welt insgesamt eine revolutionäre Politik zu führen, zumal seit Mussolini die Lächerlichkeit begangen habe, sich von bezahlten und terrorisierten Kreaturen zum ‚Schwert des Islam' ausrufen zu lassen. Fast noch fataler sei es auf militärischem Feld gewesen. Der Eintritt Italiens in den Krieg habe den Gegnern augenblicklich erste Siege beschert und damit neue Zuversicht eingeflößt. Zudem habe der vollkommen idiotische Überfall auf Griechenland den Beginn des Rußlandfeldzuges um sechs Wochen verzögert und im weiteren Verlauf die Winterkatastrophe vor Moskau bewirkt".[79]

---

78 Das Protokoll dieser Sitzung ist in Petacco, Arrigo, 1997. *L'archivio segreto di Mussolini*, Milano: Mondadori, S. 171 enthalten und wurde vom Autor dieses Buches ins Deutsche übersetzt. Im italienischen Original hat sich das Gespräch wie folgt zugetragen: „Duce: La data dell'inizio delle operazioni può essere anticipata, ma non ritardata. / Visconti Prasca: Lo spirito delle truppe è altissimo. L'unica manifestazione di indisciplina è l'eccesso nell'ansia di voler andare avanti, di voler combattere. / Duce: Quante forze avete? / Visconti Prasca: Circa settantamila uomini oltre i battaglioni speciali. Rispetto ai greci – circa trentamila – abbiamo una superiorità di due a uno ... / Duce: Conoscete quale sia il morale dei greci? / Visconti Prasca: Non è gente che sia contenta di battersi. / Duce: Adesso un'altra cosa ancora: fissata la data si tratta di sapere come darema la parvenza di fatalità di questa nostra operazione. / Jacomoni: Io posso fare qualcosa sulla frontiera: incidenti fra cimurioti e autorità greche. / Visconti Prasca: Abbiamo predisposto delle bombe francesi per fare un finto attacco. / Duce: Tutto ciò ha un valore trascurabile: è per dare un po`di fumo, tuttavia, se potete, fate in modo che ci sia un appiglio. / Ciano: Quando volete che l'incidente avvenga? / Duce: Il 24. / Ciano: Il 24 ci sarà l'incidente. / Duce: Nessuno ci crederà, ma sarà utile per una giustificazione a carattere metafisico."

79 Fest, Joachim, 2006. *Der Untergang. Hitler und das Ende des Dritten Reiches. Eine historische Skizze*, 6. Aufl. Hamburg: Rowohlt, S. 98 f. Die Bezeichnung „Schwert des Islam" ist zweifellos auf die historische Figur von Chālid ibn al-Walīd (um 584 in Mekka – 642 in Homs) zurückzuführen.

Warum diese Ausführungen von Hitler nicht der Wahrheit entsprechen und Hitler sich hier sogar selbst belügt, haben wir an anderer Stelle schon gezeigt.[80] Hitler ging es darum, sich vor der Geschichte zu rechtfertigen (so wie Napoleon auf Sankt Helena) und für seine Fehler andere verantwortlich zu machen. Der wahre Grund der Aufschiebung des Russland-Feldzuges waren die Wetterverhältnisse und der Militärputsch des jugoslawischen Luftwaffengenerals Dušan Simović.

Es bleibt die Frage offen, ob lediglich ein irrationaler Impuls Mussolini dazu veranlasste, Griechenland anzugreifen. Zu dieser These tendiert auch der Historiker Raymond Cartier, der Folgendes behauptet: Als Mussolini Badoglio fragte, wie viele Divisionen für einen Krieg gegen Griechenland gebraucht werden, habe dieser geantwortet, dass man 20 Divisionen brauche und zwar innerhalb von drei Monaten. Badoglio habe gleich im Anschluss gefragt, was die deutsche Militärführung dazu sage, woraufhin Mussolini aufgeregt erwidert habe: „Hat mich Hitler vielleicht vor dem Angriff auf Polen, Norwegen und Frankreich konsultiert? Hat er vielleicht auf seinen Verbündeten Rücksicht genommen?"[81] Weitere Gründe werden nicht genannt. Auch Winston Churchill sagt nicht viel mehr dazu:

> „Ein neuer, wenn auch nicht ganz unerwarteter Frevel Mussolinis, mit weitreichenden Folgen und verwirrenden Problemen für unsere schon allseits angespannten Kräfte, wühlte nun den Mittelmeer-Schauplatz auf."[82]

Der Angriff auf Griechenland war also ein Frevel des italienischen Diktators. Mehr nicht? Um diese Frage zu beantworten, müssen mehrere scheinbar sekundäre Aspekte berücksichtigt werden. Am 3. Januar 1940, also lange vor dem Unternehmen *Barbarossa*, schrieb Mussolini Hitler einen Brief, dessen Inhalt im Nachhinein ziemlich aufschlussreich ist. Die wichtigste Passage lautet:

> „Niemand kennt den Umstand besser als ich, der ich 40 Jahre Erfahrung in der Politik habe, dass die Politik ihre taktischen Bedürfnisse hat. Ich habe 1924 die Sowjetregierung anerkannt und 1934 ein Freundschafts- und Handelsabkommen mit ihr abgeschlossen. So verstehe ich gut, dass, nachdem der Versuch von Ribbentrops gescheitert ist, die Briten und die Franzosen dazu zu bringen, nicht in den Krieg einzutreten, Sie die neue Front ausgewählt haben. [...] Aber ich bin Revolutionär und werde als solcher sterben und ich sage Ihnen, dass Sie nicht permanent zugunsten einer augenblicklichen Taktik die Grundsätze Ihrer Revolution aufopfern dürfen. [...] Ich wiederhole Ihnen, dass ein weiter Schritt in Richtung Verständigung mit Moskau katastrophale Auswirkungen in Italien haben wird, wo das antibolschewistische Gefühl absolut ist. [...] Lassen Sie mich glauben, dass dies nicht passieren wird. Die Lösung für das Problem des ‚Lebensraumes' ist in Russland, nicht anderswo. Russland hat 21 Millionen Quadratkilometer und 9 Einwohner pro Quadratkilometer. Es ist Europa fremd. Das ist ja die Aufgabe Deutschlands: Europa vor Asien zu schützen. Bis vor vier Monaten war Russland der Weltfeind Nummer Eins, es

---

80 Vgl. Mattarucco, Tomaso, 2016. *Mussolini und seine Zeit. Betrachtungen über den italienischen Faschismus*, Kiel: Ludwig, S. 127–130.

81 Cartier, Raymond, 2014. *La seconda guerra mondiale*, Milano: Mondadori, S. 242.

82 Churchill, Winston S., 2013. *Der Zweite Weltkrieg*, 7. Aufl. Frankfurt a. M.: Fischer, S. 441.

> kann nun nicht gleich der beste Freund geworden sein. An dem Tag, an dem wir den Bolschewismus vernichtet haben werden, werden die großen Demokratien an der Reihe sein, welche ihre demografische, politische und moralische Krise nicht überleben werden."[83]

Das ist ein erstes Indiz. Über diesen Brief ist viel spekuliert worden. Manche behaupten, dass Churchill den italienischen Diktator dazu brachte, ihn zu schreiben, denn dadurch hätte der britische Regierungschef zwei Vorteile gehabt. Erstens: Er hätte die Wucht der deutschen Wehrmacht nach Osten gelenkt. Zweitens: Er hätte auf diese Weise sowohl Hitler als auch den von ihm verhassten Bolschewismus geschwächt. Aber dieser Brief zeigt auch, dass Mussolini von einem Angriff auf die Sowjetunion etwas ahnte oder ihn zumindest für möglich hielt.

Es folgen andere Indizien. Im Hinblick auf den geplanten Russland-Feldzug musste sich Hitler die rechte Flanke absichern. Er wusste ganz genau, und das teilte er immer wieder besorgt seiner Generalität mit, dass die Truppen der Entente im November 1918 in Thessaloniki gelandet waren und von dieser Position aus zum endgültigen Sieg im Ersten Weltkrieg beigetragen hatten. In der Tat wäre die Vernachlässigung dieser Frontlinie wegen ihrer strategischen Position, auch im Hinblick auf die vom Mittelmeer kommenden Gefahren, ein unverzeihlicher Fehler gewesen. So kann man die Entscheidung Hitlers erklären, mit der 12. Armee von Kleist und ein paar bulgarischen Einheiten Südthrakien zu besetzen, ohne jedoch ganz Griechenland zu erobern. Die Eroberung des Landes war im ursprünglichen Plan nicht vorgesehen. Vielmehr ging es darum, die Metaxas-Linie abzusichern und die Eisenbahnlinie Belgrad-Nis (Richtung Thessaloniki) in Anspruch nehmen zu können, damit ein Truppentransport ohne großangelegte Offensive möglich wurde. Wenn Mussolini mit seinem missglückten Griechenland-Feldzug den ursprünglichen Plänen der deutschen Generalität schadete,

---

83 Der Brief ist in Auszügen abgedruckt in Petacco, Arrigo, 1995. *La nostra guerra 1940–1945*, Milano: Mondadori, S. 11. Die Übersetzung wurde vom Autor dieses Buches angefertigt. Im Original: „Nessuno più di me, che ho quarant'anni di esperienza politica, sa che la politica ha le sue esigenze tattiche. Io ho riconosciuto i Soviet nel 1924 e nel 1934 ho stipulato con essi un trattato di amicizia e di commercio. Così io comprendo che, fallite le pressioni di von Ribbentrop circa il non intervento dei franco-inglesi, voi abbiate scelto il nuovo fronte [...] Ma io che sono rivoluzionario e morirò tale, io vi dico che non potete permanentemente sacrificare i principi della vostra rivoluzione alle esigenze tattiche di un determinato momento [...] Io vi dico che un ulteriore passo del vostro rapporto con Mosca avrebbe ripercussioni catastrofiche in Italia dove il sentimento antibolscevico è assoluto [...] Lasciatemi credere che questo non avverrà. La soluzione del vostro *Lebensraum* è in Russia non altrove. La Russia che ha 21 milioni di kmq di superficie e 9 abitanti per kmq. Essa è estranea all'Europa. Il compito della Germania è questo: difendere l'Europa dall'Asia. Sino a quattro mesi fa la Russia era il nemico mondiale numero uno; non può essere diventata l'amico numero uno. Il giorno in cui avremo demolito il bolscevismo, sarà la volta delle grandi democrazie, le quali non potranno sopravvivere alla loro crisi demografica, politica e morale." Eine interessante Anmerkung: Hitler musste sich natürlich alle Briefe übersetzen lassen, da er nur Deutsch beherrschte. Mussolini sprach auch Französisch und Deutsch fließend und hatte angeblich auch Grundkenntnisse des Russischen.

dann nur in dem Sinne, dass die deutsche Wehrmacht sich zur vollständigen Besetzung des Landes gezwungen sah. Das Unternehmen selbst kann auch als Indiz gesehen werden, dass Mussolini ahnte, was sein Verbündeter als Nächstes machen würde. Das ist jetzt die Frage: War der Angriff auf Griechenland eine strategische Entscheidung, um vor Hitler und dem Rest der Welt das Prestige zurückzugewinnen, das bei den Feldzügen in Äthiopien und in Nordafrika untergraben worden war?

Mussolini war nach wie vor entschlossen, seinen „Parallelkrieg" zu führen. Es ist nicht auszuschließen, dass der italienische Regierungschef auch psychologische Gründe hatte. Er spürte sehr wohl, dass Hitler viel mächtiger und erfolgreicher war als er. Er hatte Hitler nie gemocht, während Mussolini für den nationalsozialistischen Diktator bekanntlich ein großes Vorbild darstellte und nach dessen Meinung nur deshalb keinen Erfolg hatte, weil das italienische Volk unfähig und die anderen Politiker des Landes Fossilien seien. Wenn psychologische Gründe eine Rolle spielten, dann nur in dem Sinne, dass Mussolini seine Autorität in irgendeiner Weise wiederherstellen wollte, am besten mit einem ideal geführten Feldzug (das heißt im Klartext: Er spielte mit dem Leben der Soldaten zur Vermehrung seines Ruhmes und seines Prestiges). Noch wichtiger: Mussolini wollte zum Krieg der Achsenmächte seinen Beitrag leisten und zwar unabhängig von Deutschland und Japan. Unsere Vermutung ist, dass der italienische Autokrat im Sinne und im Geiste der Allianz agierte, er wollte eine strategisch wichtige Position besetzen, nicht nur um im Mittelmeerraum Fuß zu fassen bzw. seinen militärischen Einfluss zu vergrößern, sondern auch und primär um den geplanten oder vermuteten Russland-Feldzug zu unterstützen. Es wäre folglich ziemlich abwegig, Mussolini einen ganzen Feldzug aus gekränkter Eitelkeit zu unterstellen. Ein indirekter Hinweis ist der Umstand, dass Mussolini nach dem Ausbruch der Kampfhandlungen jenseits des Flusses Bug (im heutigen Polen) unbedingt seine Truppen schicken wollte. Wie er Hitler mitteilte, gehe es um den Kampf gegen den Kommunismus und der italienische Faschismus wolle als Bollwerk an der Seite Deutschlands gegen die „bolschewistischen Horden" in die Geschichte eingehen.

Nach dem Griechenland-Feldzug und der Rückzug der Truppen aus Nordafrika und Äthiopien war die Utopie dieses Parallelkrieges endgültig vorbei. Es begannen dann die Bombardements der italienischen Städte und das Regime sah sich immer mehr in der Defensive. Die ersten Beschimpfungen gegenüber Mussolini tauchten auf den Wänden der Hauptstadt auf. Italienische Soldaten kämpften nach wie vor in der Sowjetunion. Auch diesbezüglich gilt es zu differenzieren. Hitler hatte seinen Generälen mitgeteilt, dass er einen Vernichtungskrieg gegen den bolschewistischen Feind führen wollte, die politischen Kommissare mussten sofort liquidiert werden. Vier Einsatzkommandos wurden instruiert, so viele Juden wie möglich zu massakrieren, sie hatten ihre eigenen Befehle und agierten losgelöst von den regulären Wehrmachtstruppen. Es wird sogar berichtet, dass sowohl die sowjetischen Soldaten als auch die Zivilisten eine regelrechte Reihenfolge der zu liquidierenden Feinde erstellt hatten: Zuerst mussten die Deutschen, dann die Ungarn, dann die Weißrussen eliminiert werden, während für die Rumänen und die Italiener Gnade geboten war.[84]

Adolf Hitler sah sich veranlasst, in Griechenland zu intervenieren, denn der gescheiterte Feldzug hatte seine Pläne für den Krieg im Osten in Frage gestellt. Wütend über den Simović-Putsch und das Debakel der Verbündeten schickte er mehrere Divisionen auf den Balkan, die innerhalb von wenigen Wochen Jugoslawien und Griechenland besetzten. Die 2. Armee konvergierte nach Belgrad, das am 12. April erobert wurde. Weitere Truppen kamen aus Timisoara und verwirklichten somit die geplante Zangenbewegung. Die Truppen des Generals von Kleist erreichten die Thermopylen, Athen (27. April) und Kalamata, wo sie sich schon am Meer befanden. Die 12. Armee hingegen kam aus Bulgarien und übernahm Thessaloniki, so dass die militärische Verteidigung der Jugoslawen ohne Weiteres zerschlagen wurde. Die meisten Soldaten flohen jedoch in die Berge und organisierten Partisanenverbände, welche bis zum Ende des Kriegs für die deutsch-italienische Besatzung ein großes Problem darstellten. Die Eroberung von Kreta im Mai 1941 unter dem Kommando von Kurt Student, der sich auch bei der Einnahme der Eben-Emael-Festung in Belgien ausgezeichnet hatte, war die „würdige" Krönung dieser Operationen. Die Briten waren nach den gescheiterten militärischen Operationen der Italiener in Griechenland gelandet, mussten aber schnell wieder evakuiert werden. Die Folge dieser Kriegsphase war die fast komplette Besetzung der Balkanländer. Kroatien wurde Aimone von Savoyen-Aosta gegeben (Tomislao II.), wobei der wahre Regierungschef Ante Pavelić war, der eine systematische Verfolgung der Serben, der „Zigeuner" und der Kommunisten initiierte.[85]

Das systematische Massaker dieser „Staatsfeinde", es handelte sich in Wahrheit um eine ethnische Säuberung, erfuhr seinen Höhepunkt in der Errichtung des berüchtigten Konzentrationslagers Jasenovac, in dem unvorstellbare Kriegsverbrechen begangen wurden, letztendlich mit der Komplizenschaft der italienischen Besatzungstruppen. Diese begangen auch Verbrechen gegen die Menschlichkeit. Wenig bekannt dürfte der Name Alessandro Pirzio Biroli sein. Am 12. Juli 1941 wurde Montenegro unter der Ägide des faschistischen Italien

---

84 Vgl. Petacco, Arrigo, 2010. *L'armata scomparsa. L'avventura degl italiani in Russia,* Milano: Mondadori, S. 127 f.

85 Der *Poglavnik* Ante Pavelić war nicht nur ein Kriegsverbrecher, er war auch ein internationaler Terrorist. Am 9. Oktober 1934 kam der jugoslawische König Alexander I. nach Marseille, um mit dem französischen Außenminister Louis Barthou politische Gespräche zu führen. Ustascha-Terroristen lauerten den beiden auf und erschossen sie auf offener Straße. Der Attentäter wurde von der Menge gelyncht. Pavelić verhielt sich für eine Weile in der italienischen Kleinstadt Siena ruhig, er wurde von den italienischen Behörden protegiert und finanziert, die übrigen Attentäter wurden 1940 von den Deutschen befreit. Pavelić starb 1959 leider unbestraft in Madrid.

für unabhängig erklärt, jedoch rebellierte die lokale Bevölkerung gegen die Besatzungstruppen. Um der Lage Herr zu werden, hatte Mussolini den skrupellosen Pirzio Biroli nach Montenegro geschickt, welcher gleich den Befehl gab, Zivilisten als Geiseln zu nehmen. Als 9 Offiziere eines Infanterie-Regimentes ermordet wurden, wurden am 25. Juni 1943 als Vergeltung 180 Zivilisten getötet. Und das ist nur ein Beispiel. Als die Vereinten Nationen Pirzio Biroli nach dem Krieg auf die Liste der Kriegsverbrecher übernahmen, wurde ihm konkret vorgeworfen, Konzentrationslager errichtet und kommunistische Kämpfer gefoltert und exekutiert zu haben.[86] Ähnliches gilt für Giuseppe Pieche, der in Kroatien antikommunistische Milizen geführt hatte.

Der Griechenland-Feldzug Mussolinis verfolgte eine klare, sogar langfristig geplante Strategie. Mussolini wollte im Mittelmeer Fuß fassen, strategisch wichtige Orte besetzen und den Verbündeten somit entlasten. Er wollte die bisher erlebten Niederlagen in Nordafrika und Äthiopien wiedergutmachen oder sogar vergessen lassen (denn alle gingen davon aus, dass die griechische Armee gegen die italienische überhaupt keine Chance hatte), den Rücken der Deutschen im Falle eines Angriffes auf die Sowjetunion absichern und vielleicht sogar Militärruhm erringen. Eventuell wollte Mussolini mit Griechenland als Basis den Sprung nach Nordafrika oder auf Ägypten wieder wagen. Als klar wurde, dass die Italiener doch nicht so schnell gewinnen würden, entließ er als Regierungschef die gesamte Generalität und übernahm selbst das Oberkommando, jedoch ohne Erfolg. Der Journalist Indro Montanelli erzählt, dass Mussolini zwei Stunden lang einen Hügel mit Artilleriefeuer bombardieren ließ und im Anschluss daran die Soldaten der Division *Bari* losschickte, die jedoch zurückgeschlagen wurden. Er drehte sich zu den anwesenden Journalisten und sagte lakonisch: „Das Bürgertum hat mich verraten“.[87]

Sicher spielten psychologische Implikationen eine Rolle, wie gezeigt wurde, jedoch nicht in dem Maß, dass man Mussolini einen gesamten Feldzug aus gekränkter Eitelkeit, Irrationalität oder Neid unterstellen könnte, wie manche Historiker anzunehmen scheinen. Über das Verhältnis mit Hitler könnte man lange spekulieren. Es ist allgemein bekannt, dass Mussolini sehr schlecht damit umgehen konnte, dass sein ehemaliger Bewunderer ihn übertroffen hatte (einmal hatte Hitler vor seiner Machtergreifung um ein Foto Mussolinis mit Widmung gebeten, worauf dieser geantwortet hatte: „Bitte abgelehnt“). Und diese Eitelkeit ist Teilaspekt, der häufig unterschätzt wird. Jedoch sollte man nicht den Fehler begehen, irgendwelche Sprüche oder dubiose Aussagen als den Kern einer militärischen Strategie zu betrachten. Diese Feststellung soll natürlich nicht über

---

86 Vgl. dazu Conti, Davide, 2017. *Gli uomini di Mussolini. Prefetti, questori e criminali di guerra dal fascismo alla Repubblica italiana*, Torino: Einaudi, S. 160–163.

87 Zitiert nach Montanelli, Indro, 2002. *Soltanto un giornalista, testimonianza resa a Tiziana Abate*, Milano: Rizzoli, S. 93.

den kriminellen Kern von Mussolinis Politik oder Kriegführung hinwegtäuschen. Sie soll lediglich zu einer sachlichen Analyse beitragen, bei der die Schuld und die Verbrechen des italienischen Regimes als Voraussetzung und zugleich als Resultat betrachtet werden.

4 Otto Skorzeny und die Befreiung Mussolinis

4.1 *Skorzeny, Mussolini und der 12. September 1943*

Am 8. September 1943 wurde der Waffenstillstand zwischen dem *de facto* schon besiegten Italien und den demokratischen Alliierten bekannt gegeben. Ab diesem Augenblick war Italien mit Nazi-Deutschland nicht mehr verbündet, es kündigte unwiderruflich den Stahlpakt und schlug sich auf die Seite der zukünftigen Sieger. Dies war die Konsequenz der verhängnisvollen Entscheidung des faschistischen Großrates (*Gran Consiglio del Fascismo*) am 25. Juli 1943 – ein wichtiges Datum in der Geschichte des Zweiten Weltkriegs, da der Diktator Benito Mussolini, der für so viel Elend direkt verantwortlich war, abgesetzt wurde: Der ehemalige Außenminister Dino Grandi konfrontierte den faschistischen Großrat mit seinem Lösungsvorschlag, der die Entfernung Mussolinis aus der Regierung vorsah und die Krone in die politische Macht und in die militärische Führung des Krieges explizit einbezog.

Das berühmte Dokument, das die Entmachtung Mussolinis bewirkte, lautete:[88]

> „Der Großrat versammelt sich an diesen Tagen schweren Kampfes und wendet seine Gedanken an die heldenhaften Kämpfer jeder Waffengattung, die zusammen mit dem stolzen sizilianischen Volk, aus dem der unerschütterliche Glaube des ganzen italienischen Volkes ausstrahlt, die edlen Traditionen extremer Tapferkeit und den unbezähmbaren

---

88 Im italienischen Original: „Il Gran Consiglio, riunendosi in questi giorni di supremo cimento, volge innanzi tutto il suo pensiero agli eroici combattenti d'ogni arma, che fianco a fianco con la fiera gente di Sicilia, in cui più alta risplende l'univoca fede del popolo italiano, rinnovano le nobili tradizioni di estremo valore e l'indomito spirito di sacrificio delle nostre gloriose Forze armate; esaminata la situazione interna ed internazionale e la condotta politica e militare della guerra, proclama il dovere sacro per tutti gli italiani di difendere ad ogni costo l'unità, l'indipendenza, la libertà della Patria, i frutti dei sacrifici e degli sforzi di quattro generazioni dal Risorgimento ad oggi, la vita e l'avvenire del popolo italiano; afferma la necessità dell'unione morale e materiale di tutti gli italiani in quest'ora grave e decisiva per i destini della nazione; dichiara che a tale scopo è necessario l'immediato ripristino di tutte le funzioni statali attribuendo alla Corona, al Gran Consiglio, al Governo, al Parlamento, alle Corporazioni i compiti e le responsabilità stabilite dalle nostre leggi statali e costituzionali; invita il Capo del Governo a pregare la Maestà del Re, verso la quale si rivolge fedele e fiducioso il cuore di tutta la Nazione, affinché egli voglia, per l'onore e per la salvezza della Patria, assumere, – con l'effettivo comando delle forze armate di terra, di mare e dell'aria, secondo l'articolo 5 dello Statuto del Regno, – quella suprema iniziativa di decisione che le nostre istituzioni a Lui attribuiscono e che sono sempre state, in tutta la storia nazionale, il retaggio glorioso della nostra Augusta Dinastia di Savoia." Vgl. https://it.wikisource.org/wiki/Italia_-_24_luglio_1943,_Ordine_del_giorno_Grandi_presentato_al_Gran_Consiglio_del_Fascismo [Zugriff: 22.10.2021].

Opfergeist unserer glorreichen Streitkräfte erneuern; wir haben die interne und die internationale Lage sowie die politische und militärische Führung des Krieges überprüft: Der Großrat proklamiert die heilige Pflicht für alle Italiener, koste was es wolle, die Einheit, die Unabhängigkeit und die Freiheit des Vaterlandes zu verteidigen, die die Früchte und die Bemühungen von vier Generationen vom Risorgimento bis heute darstellen. Das bedeutet das Leben und die Zukunft des italienischen Volkes. Der Großrat behauptet die Notwendigkeit der moralischen und materiellen Union aller Italiener zu dieser verhängnisvollen und entscheidenden Stunde für das Schicksal der Nation. Zu diesem Zweck verlangt er die Erneuerung aller staatlichen Organe, indem der Krone, dem Großrat, der Regierung, dem Parlament und den Korporationen die Aufgaben und die Verantwortung übertragen werden, die von unseren staatlichen Verfassungsgesetzen vorgesehen sind. Überdies fordert der Großrat den Regierungschef dazu auf, Seine Majestät den König zu ersuchen, an den sich das Herz der gesamten Nation treu und vertrauensvoll wendet, damit er zu Gunsten der Ehre und der Rettung des Vaterlandes interveniert, die Entscheidungsgewalt und die konkrete Führung der Land-, See- und Luftstreitkräfte gemäß des Artikels 5 des Statuts des Königreiches für sich zu beanspruchen, die ihm unsere Gesetze garantieren und in unserer gesamten Geschichte das glorreiche Erbe unserer Königlichen Dynastie der Savoia darstellen."

Mit diesem Dokument war das Ende des Regimes besiegelt. Nebenbei kann auch die unglaubliche Ambiguität des Verhaltens der königlichen Familie konstatiert werden: Vittorio Emanuele III. hatte nichts gegen den Marsch auf Rom[89] der

[89] Der „Marsch auf Rom" vom 28. Oktober 1922 stand wieder im Zeichen einer an sich obsoleten Romanität. Dieser Marsch sollte an Sullas politisches und militärisches Agieren erinnern. Sulla kämpfte im Bürgerkrieg der Jahre 91–88 v. Chr. gegen die Italiker (*bellum sociale*), die die römische Staatsbürgerschaft erwerben wollten. Seine Rivalität mit Marius, unter dem Sulla in Afrika gedient hatte, führte zum Marsch auf Rom. Sulla belagerte gerade Nola, als ihn die Nachricht erreichte, dass Marius mit dem Kommando gegen Mithridates VI. Eupator beauftragt worden war. Da Sulla unbedingt diesen beutereichen Feldzug unternehmen wollte, brach er die Belagerung ab, marschierte auf Rom und errichtete ein diktatorisches Regime, bevor er sich nach Osten begab. Generell kann jedoch behauptet werden, dass Oktavian/Augustus für den Mythos Rom als Vorbild betrachtet wurde. Das Vorbild Rom erkennt man auch an dem Symbol der Liktoren, die mit ihren Rutenbündeln die konsularische Macht symbolisierten. Das lateinische Wort *fasces* ist der etymologische Ursprung des Begriffes *Faschismus*. Außerdem sahen viele in Mussolini eine Art Retter und Stabilisator des politischen Geschehens, genau wie zur Zeit Augustus'. Der Althistoriker Michael Sommer schreibt zum Beispiel über Oktavian: „Woraus speiste sich also die *auctoritas*, die überragende Autorität jenes Mannes, der als 18-jähriger in die Politik eingestiegen war und seitdem mit einer Mischung aus Zielstrebigkeit, realpolitischem Gespür und Skrupellosigkeit einen Widersacher nach dem anderen aus dem Feld schlug? Oder anders gewendet: Warum nahmen die anderen – jene Aristokraten, die 100 Jahre lange so erbittert um den großen Preis der Vorherrschaft gekämpft hatten, aber auch das Volk von Rom, das seinen politischen Willen bislang in der Volksversammlung artikuliert hatte, und die Soldaten, die von den Konflikten zwischen rivalisierenden Condottieri bis dato entscheidend profitiert hatten – die Machtfülle eines Einzelnen so einfach hin? Nachvollziehbar wird das erst, wenn man den Scherbenhaufen bedenkt, den gerade der 100-jährige Machtkampf, der seit den Gracchen in der römischen Nobilität und weit über sie hinaus getobt hatte, hinterlassen hatte: Bürgerkriege, Proskriptionen, Massenhinrichtungen und sonstige Gewaltexzesse hatten tiefe Lücken in die Reihen der Eliten gerissen und

Schwarzhemden am 28. Oktober 1922 unternommen und hatte nicht nur *de facto*, sondern auch *de jure* die Kabinettbildung Mussolinis zugelassen, was zugleich eine klare Absage an die liberale Regierung von Luigi De Facta bedeutete, der später in jeder erdenklichen Weise dämonisiert werden sollte. Der König hatte bis zu diesem Augenblick intrigiert und sagte doch kurz vor der Verhaftung Mussolinis, dass dieser eigentlich einen „schönen Kopf" hätte.

Die Anwesenden stimmten für diese Lösung ab: Acerbo, Albini, Alfieri, Balella, Bastianini, Bignardi, Bottai, Cianetti, Ciano, De Bono, De Marsico, De Stefani, De Vecchi, Federzoni, Gottardi, Grandi, Marinelli, Pareschi, Rossoni waren dafür. Suardo enthielt sich, während Biggini, Buffarini-Guidi, Frattari, Galbiati, Polverelli, Scorza und Trincali-Casanova dagegen waren. Der Querkopf Farinacci war auch anwesend, aber er weigerte sich mitzumachen. So war die Mehrheit für die Absetzung Mussolinis. Dass dieser verraten werden wollte, um die Schuld an dem Frieden auf seine Nachfolger und Verfolger abzuschieben, vielleicht aus Angst vor der Reaktion Hitlers, wurde in unserer 2016 publizierten Monografie beschrieben und kommentiert.[90]

Die weiteren Geschehnisse sind bekannt: Der von den Italienern bis dahin so genannte „Duce" wurde verhaftet und Hitler erwog den Start des Unternehmens *Alarico*, mit dem er die ganze königliche Familie entführen und deportieren wollte (entsprechende Pläne galten auch für den Vatikan). Das Problem war: Italien war offiziell noch im Krieg gegen die Alliierten und die Berater Hitlers sahen in einer solchen Befreiungsaktion eine Provokation, die die provisorische Regierung unter Pietro Badoglio zur Kündigung des Stahlpaktes hätte bewegen können. Es waren Wochen der Verunsicherung und der doppelten Spiele auf beiden Seiten, die noch nicht endgültig geklärt worden sind. Es steht fest, dass Badoglio auf der Suche nach einer Möglichkeit war, sich von Nazi-Deutschland loszulösen und den Waffenstillstand mit den Anglo-Amerikanern zu unterzeichnen. Hitler ließ sich überreden, auf die weiteren Entscheidungen der Badoglio-Regierung zu warten.

Was mit Mussolini in diesen Monaten geschah, ist im Prinzip bekannt. Jedoch sind die meisten Historiker auf falsche Schlussfolgerungen gekommen bzw.

---

drohten, Rom auf Dauer politisch zu paralysieren. Bei allen Differenzen, von denen die Führungsschicht nach wie vor zerrissen wurde, herrschte daher – spätestens nachdem Oktavian bei Actium über seinen Gegenspieler Marc Anton triumphiert hatte – doch Einigkeit darüber, dass es so unmöglich weitergehen konnte: Schon 61 v. Chr. hatte Cicero geklagt, man lebe in einem ‚schwachen, elenden, wetterwendischen Staat'. In dieser Situation entpuppte sich ausgerechnet Oktavian, der kurz zuvor noch als einer der brutalsten Führer im Bürgerkrieg Teil des Problems gewesen war, unversehens als Hoffnungsträger, der die Lösung versprach." Sommer, Michael, 2016. *Römische Geschichte. Von den Anfängen bis zum Untergang*, Stuttgart: Kröner, S. 413.

90 Vgl. Mattarucco, Tomaso, 2016. *Mussolini und seine Zeit. Betrachtungen über den italienischen Faschismus*, Kiel: Ludwig, S. 133 f.

lassen viele Fragen unbeantwortet; es sind in der Rekonstruktion Lücken entstanden, die ein eher oberflächliches und leicht verzerrtes Bild der Geschehnisse vermitteln und nun geschlossen werden sollen.

Der ehemalige „Duce" des italienischen Volkes wurde in die Polizei-Kaserne in der Legnano-Straße gebracht, in der er zwei Tage lang übernachtete. Gleich im Anschluss wurde er auf die Insel Ponza verlegt, die Insel, auf der die Gegner des Regimes hohe Haftstrafen verbüßen mussten (vielleicht war dies sogar eine gezielte Demütigung). Dort blieb er vom 28. Juli bis zum 7. August 1943. Der Offizier Osvaldo Antichi hatte die Aufgabe, ihn zu bewachen. Die Regierung Badoglio sah sich jedoch bald veranlasst, Mussolini noch einmal zu verlegen, da alle in Rom zu wissen schienen, wo er sich befand. Über seine Zukunft wurde viel spekuliert: Es hieß, dass die Alliierten ihn lebendig haben wollten, um ihn vor Gericht zu stellen. Und so wurde er in der Nacht vom 7. auf den 8. August auf die Insel Maddalena (Sardinien) gebracht.

Hitler schäumte unterdessen vor Wut und bestand trotz der zu erwartenden diplomatischen und politischen Komplikationen auf der Befreiung seines Verbündeten. Er vertrat die Meinung, dass sein „Kamerad" Benito Mussolini dies von ihm erwartete (und hier lag er falsch) und diese Aktion seiner Ehre als „Führer" des Reiches entsprach. Drei Offiziere wurden damit beauftragt, das Gefängnis seines Freundes Mussolini zu finden: Herbert Kappler (1907–1978), skrupelloser Polizeikommandant in Rom,[91] Otto Skorzeny (1908–1975), ein

---

[91] Herbert Kappler war in das Massaker an italienischen Zivilisten vom 24. März 1944 in den Ardeatinischen Höhlen involviert. Nicht nur hatte er von der jüdischen Gemeinde Roms Gold erpresst, er suchte auch die Geiseln aus, die aufgrund des Attentats von *via Rasella* (italienische Partisanen platzierten eine Bombe in dieser Straße, die 30 Soldaten des Polizeiregimentes *Bozen* tötete; derjenige, der die Bombe platzierte, hieß Rosario Bentivegna) als Vergeltung erschossen werden sollten. Außer sich vor Wut über das Attentat wollte Hitler in seinem Wahn pro getötetem deutschen Soldaten 50 italienische Geiseln exekutieren lassen. Seine Berater, in erster Linie Albert Kesselring, versuchten, ihn zu mäßigen: Nach einer Weile willigte er ein, auf 10 unschuldige Geiseln pro getöteten Soldaten hinunterzugehen. So wurden Juden und Zivilisten in den oben genannten Höhlen zusammengetrieben, erschossen und die Höhlen im Anschluss gesprengt. Unterstützt wurde Kappler dabei von einem jungen, fanatischen Offizier namens Erich Priebke (1913–2013). Dieser hakte die Namen auf der Liste ab und tötete selbst einige Unschuldige. Umgebracht wurden außerdem 335 Menschen, statt 330 (die spätere Verhaftung wurde nämlich damit begründet). Nach dem Krieg wurde Kappler aufgespürt und zu lebenslanger Haft verurteilt. Aufgrund einer Krebserkrankung wurde er auf Befehl des damaligen Innenministers Italiens in ein Krankenhaus gebracht, aus dem ihm im Jahr 1977 eine abenteuerliche Flucht gelang. Deutschland weigerte sich, ihn an Italien auszuliefern, da er angeblich kein Verurteilter mehr war, sondern auf Geheiß der italienischen Regierung selbst zum „Kriegsgefangenen" geworden war. Was Erich Priebke angeht, so floh er nach dem Krieg nach Argentinien, wurde jedoch in den Neunzigerjahren von Journalisten aufgespürt und im Jahr 1998 an Italien ausgeliefert. Dort wurde gegen ihn prozessiert. Überraschend war das Urteil: Das Militärgericht befand ihn schuldig, aber er wurde trotzdem auf freien Fuß gesetzt, da die Schuld inzwischen rechtlich verjährt war. Dies löst in Rom eine berechtigte große Empörungswelle aus, es folgten sogar Ausschreitungen vor dem Gerichtsgebäude.

österreichischer SS-Offizier, und Kurt Student (1890–1978), General und Kommandant der Fallschirmjägertruppe des Reiches, der sich bei der waghalsigen Eroberung der Insel Kreta im Mai 1941 ausgezeichnet hatte. Ihre Arbeit war geduldig und konzentriert: Sie sammelten zuerst alle Informationen, die mit Mussolini zu tun hatten, überprüften sie auf ihre Wahrscheinlichkeit hin, bewerteten die Quellen und sortierten sie eventuell aus. Irgendwie kam Skorzeny auf die Idee, dass sich seine Zielperson auf der Insel La Maddalena aufhalten könnte, die er sogar mit einem Flugzeug überflog.[92] Mit grünem Licht Hitlers wurde eine Befreiungsaktion organisiert, die jedoch in der letzten Minute gestoppt wurde, da inzwischen die Information eingetroffen war, dass sich Mussolini nicht mehr auf der Insel befand.

Am Morgen des 28. August 1943 war der ehemalige Diktator zum vierten Mal verlegt worden: Vom Leutnant Faiola und dem Polizeioffizier Antichi begleitet, wurde der illustre Gefangene zum Gebirgsmassiv Gran Sasso d'Italia geflogen. Dort angekommen, wurde er vom Polizeiinspektor Giuseppe Gueli in Empfang genommen. Mussolini vertrieb sich die Zeit mit der Lektüre von Nietzsche. Ihm gefielen besonders die *Fröhliche Wissenschaft* und *Jenseits von Gut und Böse*. Er unterstrich sogar Passagen, die seiner Ansicht nach seine aktuelle persönliche Situation wiedergaben. Inzwischen waren wichtige Ereignisse geschehen, denn am 3. September 1943 hatte der bevollmächtigte General Giuseppe Castellano den Waffenstillstand mit den westlichen Mächten und der Sowjetunion unterzeichnet, der erst am 8. September öffentlich verkündet und im Lande das totale Chaos verursachte.

Es dauerte nicht lange, bis auch das neue Gefängnis Mussolinis lokalisiert werden konnte: Diesmal war es Herbert Kappler, der das Hotel *Campo Imperatore* ausfindig machte. Er informierte Student und Skorzeny, und der General der

---

Auch die jüdische Gemeinde Roms kritisierte das Urteil. Priebke sagte dazu gleichgültig und süffisant: „Das ist eure Demokratie". Er fügte hinzu, dass die wahren Schuldigen die Partisanen wären, die das Attentat organisiert und verübt hatten. Das Gericht beschloss, einen neuen Prozess zu organisieren und zwar mit anderen Richtern. Priebke wurde zu lebenslanger Haft verurteilt, wurde jedoch aufgrund seines hohen Alters unter Hausarrest gestellt. Er durfte nach ein paar Jahren sogar als Übersetzer für seinen Anwalt arbeiten, bis er am 11. Oktober 2013 im Alter von 100 Jahren starb. Es mag kriminell erscheinen (und das ist es auch), aber leider war das Repressalienrecht im Krieg kodifiziert.
Interessant in diesem Zusammenhang ist die Etymologie des Wortes *Repressalie*: Es stammt aus dem mittelalterlichen *represalia* aus *prehendĕre*, sich mit Energie etwas nehmen: Es handelt sich um das Recht, das einem Bürger von der Stadtverwaltung konzediert wurde, für den Fall, dass er sich die Schulden anderer nicht bezahlen lassen konnte: In diesem Fall wurde dem Gläubiger sein Besitz weggenommen und sollte dies nicht genügen, musste das *Comune* aufkommen, dem der Gläubiger angehörte. Vgl. Barbero, Alessandro/Frugoni, Chiara, 2019. *Dizionario del Medioevo*, Roma/Bari: Laterza & figli, S. 208.

92 Vgl. Petacco, Arrigo, 2013. *Dal Gran Consiglio al Gran Sasso. Una storia da rifare*, Milano: Mondadori, S. 90–95.

Fallschirmjäger beauftragte den 33-jährigen Major Harald Mors mit der Durchführung der Befreiungsoperation. Es heißt, dass der Hauptmann der SS Otto Skorzeny insistierte, dabei zu sein, sicher, weil er sich als Held feiern lassen wollte. Da Kurt Student sich um den Widerstand der Wächter Sorgen machte, beschloss die Führung, einen italienischen Offizier, Fernando Soleti, als Geisel zu nehmen. Am 12. September 1943 (also nach der Bekanntgabe des Waffenstillstands) sprangen die Segelflieger der Fallschirmjäger über einer passenden Lichtung ab und befreiten Mussolini. Niemand leistete Widerstand, die Waffen waren weggesperrt und die Wächter waren ohne Befehle. Mussolini wurde befreit, ohne dass ein Schuss fiel. Dieser zeigte sich dankbar, posierte für die Fotos mit den deutschen Soldaten und wurde anschließend nach Pratica di Mare und dann nach Deutschland gebracht, um seinen Freund und „Kameraden" Adolf Hitler zu umarmen. Skorzeny bestieg zusammen mit Mussolini das kleine Heinkel-Flugzeug, von Heinrich Gerlach geflogen, obwohl dies aufgrund des zu hohen Gewichts sehr gefährlich war.

Das sind so weit die Fakten. Es lohnt sich, sich die Situation noch einmal zu vergegenwärtigen: Das Land war nach der Verkündung des Waffenstillstands mit den Alliierten ins Chaos gestürzt, die deutsche Wehrmacht war bereits in Italien und besetzte alle strategisch wichtigen Orte, die Amerikaner waren auf Sizilien und in Salerno gelandet, Badoglio hatte zuerst behauptet, den Krieg mit Nazi-Deutschland fortsetzen zu wollen, intrigierte zugleich zu seiner eigenen Sicherheit und zur Sicherheit der königlichen Familie. Diese wiederum hatte Rom würdelos verlassen und kümmerte sich nicht um die Soldaten, die an den verschiedenen Fronten auf der Welt ohne Befehle zurückblieben. Hitler bestand trotz der berechtigten Zweifel seiner Generalität auf der Befreiung seines italienischen Verbündeten, der sich lustlos und resigniert in seine Gefangenschaft gefügt hatte und lediglich den Wunsch hegte, sich von der Politik zurückzuziehen, als wäre dies nach seinen Verbrechen und nachdem er als Autokrat Italien in einen mörderischen und selbstmörderischen Krieg gestürzt hatte, ohne Weiteres möglich gewesen. Damals wurde die SS für diese Befreiungsaktion gefeiert, Skorzeny wurde zum Major befördert und Hitler höchstpersönlich gratulierte ihm.

An dieser Stelle müssen einige Aspekte der geschilderten Geschehnisse richtiggestellt werden. Erstens: Die Befreiung Mussolinis war keineswegs das Verdienst von Otto Skorzeny. Dieser Aspekt wurde von Arrigo Petacco gut herausgearbeitet, der behauptet, dass Harald Mors der wahre „Held" war. Aber nachdem Hitler bereits verkündet hatte, dass seine SS dieses waghalsige Unternehmen geplant und durchgeführt hatte, wäre eine Berichtigung der Fakten einem Widerspruch gegen die Worte Hitlers gleichgekommen, und das war etwas, was sich niemand leisten konnte. In der Tat wurden einige Offiziere bedroht, sollten sie weiterhin auf der richtigen Version beharren, würden sie an die Ostfront strafversetzt.[93] Der wahre Befreier war Harald Mors, geführt und angeleitet von Kurt Student. So erweist sich folgende Darstellung von Wolfgang Schieder, die als Standardversion gelten kann, als eher ungenau:

> „Nachdem er [Mussolini] in der Nacht zuvor wohl schon einen Selbstmordversuch verübt hatte, gelang seine Befreiung erst am 12.9.1943 mit Hilfe eines waghalsigen Unternehmens, bei dem ein SS-Kommando unter der Führung Otto Skorzenys mit Leichtflugzeugen auf dem Gran Sasso landete. Die Befreiung verlief unblutig, da die wenigen Bewacher angesichts der unübersichtlichen Lage seit dem 8. September nichts riskieren wollten."[94]

Zweitens: In diesem Zusammenhang sind einige Teilfaktoren unerklärt geblieben. Pietro Badoglio hatte sich im Rahmen des Waffenstillstandes mit den Anglo-Amerikanern zur Verhaftung und Übergabe des ehemaligen Diktators an die westlichen Demokratien verpflichtet. Das war eine klare Klausel. Es ist folglich verwunderlich, dass Badoglio einmal sagte, es wäre ja absolut notwendig gewesen, dafür zu sorgen, dass Mussolini niemandem in die Hände fallen würde. Sehr seltsam ist auch der Umstand, dass die Wächter von Mussolini über keine Waffen verfügten und dass kein Widerstand geleistet wurde. Die Polizeihunde waren an der Kette. Es sind Ungereimtheiten, die nur eine mögliche Hypothese zulassen: Badoglio, und eventuell auch die königliche Familie, wollte Mussolini den Alliierten nicht übergeben. Sie hatten sicher Angst, dass er diverse Geheimnisse preisgeben würde und dass auch die Dynastie der Savoia zur Rechenschaft gezogen werden könnte, die nach all den Jahren in die Tragödie der faschistischen Herrschaft über Italien zutiefst verstrickt war. Wenn dagegen Mussolini von Hitler befreit würde, würden die Fronten klar sein und dann würde man, wie es in der Tat geschah, ohne weitere Komplikationen den Krieg zu Ende führen können, und zwar auf der Seite der Sieger. Einmal bei den Deutschen gelandet, würde man Mussolini als einen unbelehrbaren Faschisten und Nazi-Sympathisanten hinstellen (und das entsprach der Wahrheit), ihm die ganze Verantwortung anlasten und sich so weit wie möglich reinwaschen können. Dies geschah unter anderem auch zum Schutz der Krone, die, wie viele Dokumente im Staatsarchiv nahezulegen scheinen, auf Mussolini Druck ausgeübt hatte, er solle auf der Seite Hitlers in den Krieg eintreten. Natürlich bedeutet das nicht, dass die

---

93 Vgl. Petacco, Arrigo, 2013. *Dal Gran Consiglio al Gran Sasso. Una storia da rifare,* Milano: Mondadori, S. 105–147. Hier berichtet der Autor auch von einem sehr interessanten Interview mit Harald Mors. Vgl. auch Petacco, Arrigo, 2015. *La storia ci ha mentito. Dai misteri della borsa scomparsa di Mussolini alle „armi segrete" di Hitler, le grandi menzogne del Novecento,* Milano: Mondadori, S. 117–120. An sich ist die Feststellung nicht neu. Auch der Zeitgenosse und Historiker Indro Montanelli (1909–2001) thematisiert diesen Aspekt. Vgl. Montanelli, Indro, 1983. *L'Italia della guerra civile, 8 settembre 1943-9 maggio 1946,* Milano: Rizzoli, S. 36 f.

94 Schieder, Wolfgang, 2014. *Benito Mussolini,* München: Beck, S. 103.

Schuld bei jemand anderem als bei Mussolini selbst zu suchen ist. Das heißt lediglich, dass auch der Kreis um den König Vittorio Emanuele III. in den Aufstieg des Faschismus verstrickt war und 1940 in den Krieg einziehen wollte, um eventuell Italien international mächtiger zu machen und mehr Glanz über die königliche Familie zu bringen.

Das beschriebene Szenario passt übrigens zum Tod Mussolinis, der in aller Eile und ohne ordentliches Verfahren einfach verschleppt und mit seiner Geliebten, Claretta Petacci,[95] von Partisanen erschossen wurde.[96] Niemand wollte, dass er den Briten und Amerikanern lebendig in die Hände fiel. Niemand wollte, dass er die Geschichte seines Aufstiegs, die eingegangenen Kompromisse mit der Krone, der Welt der Agrarwirtschaft und der Industrie und die Rolle der Komplizen der ganzen Welt preisgab. Und in dieser speziellen Situation ging es darum, den Übergang in den Frieden so schmerzlos wie möglich zu gestalten, ohne dass die Figur von Badoglio kompromittiert oder sogar diskreditiert würde und ohne dass die Anglo-Amerikaner einen Verstoß gegen eine klare Klausel des Waffenstillstands zu reklamieren hätten. Es war doch viel besser, den Diktator als unbelehrbaren Nazi-Freund und als Feind der Demokratien darzustellen, was er natürlich auch war. Es ging jedoch darum, dass man sich vor den Alliierten als Gegner des ehemaligen Diktators zeigen wollte. Aber Badoglio war kein Oppositioneller gewesen.

---

95 Claretta Petacci (1912–1945) war die Tochter von Francesco Saverio und Giuseppina Petacci und hatte einen Bruder, Marcello, und eine Schwester, Myriam. 1932 war Claretta mit Riccardo Federici verlobt, sie reichte aber schon 1934 die Scheidung ein. Als 1925 ein Attentat auf Mussolini verübt wurde, schrieb sie ihm einen ergebenen und leidenschaftlichen Brief, der seine Aufmerksamkeit erregte. Der Familie Petacci wurde immer wieder vorgeworfen, sich dank der Liaison Clarettas mit Mussolini bereichert zu haben und begünstigt worden zu sein. Marcello wurde 1945 auf der Flucht von Partisanen ergriffen und gab sich als spanischer Diplomat aus. Da der anwesende Urbano Lazzari jedoch im Spanischen Bürgerkrieg (1936–1939) für die Republik gekämpft hatte und Spanisch beherrschte, flog seine Tarnung direkt auf. Marcello Petacci wurde am 28. April 1945 erschossen.

96 Interessant ist auch das Leben des Pendants von Claretta Petacci, nämlich Eva Braun. Adolf Hitler hatte mehrere Frauen kennengelernt, aber am meisten faszinierte ihn seine Nichte Angela („Geli“) Maria Raubal. Hitler war jederzeit extrem eifersüchtig in Bezug auf seine Nichte und sie freute sich immer, mit ihm auszugehen, sich mit ihm sehen zu lassen, auch weil der spätere Führer schon viele Anhänger und Bewunderer hatte. Im September 1931 ereignete sich jedoch die Tragödie: Ein Telefonanruf von Rudolf Hess informierte Hitler über den plötzlichen Tod und Selbstmord von Geli. Warum Geli sich das Leben nahm, ist nie endgültig geklärt worden. Eine realistische Hypothese besagt, dass sie in Hitlers Zimmer einen Zettel von Eva Braun gefunden hatte und aus diesem Grund, also aus Eifersucht, Suizid beging. Eva Braun war auch im Jahr 1912 geboren, wie Claretta Petacci, und wurde Hitlers Geliebte. Sie hatte überhaupt keine Rolle in der Politik und musste mehrere Demütigungen von ihrem Lebenspartner einstecken. Am 29. April 1945 heirateten Eva Braun und Adolf Hitler und begingen dann Selbstmord in der Dunkelheit des Führerbunkers. Vgl. Petacco, Arrigo, 2013. *Eva e Claretta. Le amanti del diavolo*, Milano: Mondadori.

Unsere Annahme kann alle Ereignisse erklären und lässt keine Frage unbeantwortet. Sollte es so sein, wie wir annehmen, geschah dem nationalsozialistischen Diktator das, was er nicht für möglich gehalten hätte: Er war von den Italienern instrumentalisiert worden.

4.2 Die Republik von Salò als deutscher Vasallenstaat

An dieser Stelle ist es notwendig, auf die tragische Geschichte der Republik von Salò hinzuweisen. Es war eine regelrechte Götterdämmerung. Hitler glaubte nicht an die Wiedergeburt der Partei und in der Tat war diese Republik lediglich ein Vasallenstaat des Drittes Reiches. Mussolini besaß keine wahre Macht, seine Funktion war eher repräsentativer Natur, die wahren Machthaber waren der SS-General Karl Wolff und der deutsche Botschafter Rudolf Rahn. Diese beiden trafen die politischen Entscheidungen und bestraften Saboteure und Partisanen. Diese beiden informierten Hitler über die Entwicklungen in Italien und setzten seine Empfehlungen um. Mussolini wohnte in Gargnano, schrieb viel an Claretta Petacci und unterhielt sich gerne mit seinen Besuchern über seine turbulente Vergangenheit. Was viele Historiker verwundert hat, ist, dass der ehemalige Komministenführer Nicola Bombacci, der genauso wie Mussolini Grundschullehrer gewesen war, seinen alten Freund Mussolini besuchte und am Ende sogar sein Schicksal teilte (Bombacci war in den Zwanzigerjahren Kommunist gewesen und die Mussolini-Anhänger sangen mit Anspielung auf seinen Vollbart: „Con la barba di Bombacci / ci faremo spazzolini / per lucidare gli stivali di Benito Mussolini“, Übersetzung: „Mit dem Bart von Bombacci / werden wir Zahnbürsten machen / um die Stiefel von Benito Mussolini zu reinigen“). Er wurde später auch erschossen und an den Füßen aufgehängt.

Die Republik von Salò hatte mehrere Ministerien, die jedoch überall in Norditalien verstreut waren: In Asolo befand sich das Verteidigungsministerium, in Ponte di Brenta war das Wirtschaftsministerium und in Treponti konnte man das Justizministerium finden. In Bassano del Grappa war das Luftwaffe-Ministerium und in Salò befanden sich die Stefani-Agentur bzw. das Propagandaministerium. Mussolini protestierte immer wieder gegenüber Hitler und wies seinen „Verbündeten“ auf die Unmöglichkeit hin, eine ernsthafte politische Arbeit zu betreiben, da niemand, nicht einmal Mussolinis ehemalige Mitkämpfer, diese Vasallenrepublik für einen funktionierenden Staat hielt. Die deutschen Besatzungstruppen gingen sogar so weit, dass sie alles, was an die glorreiche Ära der Risorgimento-Kriege gegen die Österreicher erinnerte (Schilder, Gedenktafeln, Monumente etc.), entfernen ließen. Die Erinnerung daran durfte kein Teil der italienischen Geschichte mehr sein. Der gestürzte Gewaltherrscher war besiegt und gedemütigt worden, die Stärke seiner Armee, die angeblich aus „acht

Millionen Bajonetten“ bestand (in seiner blühenden Fantasie), hatte sich als schwach und unwillig erwiesen (als die Anglo-Amerikaner auf der Insel Pantelleria landeten, hatte die dortige Garnison – 11.000 Mann – sich sofort ergeben) und die Bevölkerung machte den ehemalig allmächtigen „Duce“ des Volkes zu einer Witzfigur.

Sein einziger Trost war die Beziehung mit Claretta Petacci. Der Autor Giordano Bruno Guerri schreibt, dass Claretta einfach ein junges Mädchen war, das sich in den Mythos Mussolini verliebt hatte und dass diese Liebesgeschichte ansonsten keine Bedeutung hatte.[97] Dies stimmt jedoch nur zum Teil, denn Claretta Petacci arbeitete gegen Ende des Krieges in Anwesenheit ihres Liebhabers sogar als nationalsozialistisch gesinnte Beraterin. Sie munterte ihren Geliebten immer wieder auf, der sehr oft mit Suizidgedanken liebäugelte, und sie forderte ihn immer wieder dazu auf, sich direkt an Hitler zu wenden, statt sich von zwielichtigen Gestalten hintergehen zu lassen (als wäre Hitler ein wahrer Freund gewesen). Sie flehte ihn an, wieder der alte aktive Mann von 1924/25 zu sein bzw. zu werden: der Welt zu zeigen, dass er das Schicksal der Nation noch beeinflussen konnte. Sie hatte sogar ihre Lieblinge unter den Extremisten, zum Beispiel legte sie immer wieder ein gutes Wort für den Innerminister Guido Buffarini-Guidi ein. Es muss festgehalten werden, dass sich die Frau als fanatische und unbelehrbare Faschistin zeigte. Sie sagte einmal sogar, sie müsste die Rassengesetze gutheißen und zwar aus Gründen der „rassischen Würde“, was ein klares Licht auf ihre gestörte Persönlichkeit wirft. Manche Anhänger Mussolinis, nun in republikanischer Uniform, waren der Meinung, dass Mussolini von Claretta sehr abhängig war, und überlegten sogar, sie zu entführen.[98] Es ist nicht auszuschließen, dass die Ratschläge Clarettas von deutschen Offizieren inspiriert wurden und dass diese sie mehrfach baten, diese Ratschläge so weiterzugeben.

Was aber auffällt und erwähnenswert ist, ist das Verhalten der Zivilbevölkerung. Bis zum Jahr 1943 waren alle Bürger Mussolini-Anhänger gewesen, alle hatten ihm zugejubelt, alle hatten ihm applaudiert. Der Äthiopien-Feldzug war zum Beispiel für die damalige Jugend „ein Geschenk“ gewesen: Als das Außenministerium verkündet hatte, dass sich Mussolini möglicherweise mit den Franzosen und den Briten geeinigt hatte, so dass die Phase der Mobilmachung für eine kurze Weile gestoppt wurde, hatten einige Offiziere rebelliert und wollten sogar durch den unerlaubten Marsch nach Macallè den *Casus belli* schaffen. Nach dem 25. Juli 1943 waren alle plötzlich zu Antifaschisten geworden. Aber viele waren auch vor dem Krieg Antifaschisten gewesen und kämpften nun in den Reihen der Partisanen. Die Republik von Salò hatte wieder eine strenge Wehrpflicht

---

97 Vgl. Guerri, Giordano Bruno, 1995. *Fascisti. Gli italiani di Mussolini. Il regime degli italiani*, Milano: Mondadori, S. 38.

98 Vgl. Franzinelli, Mimmo, 2012. *Il prigioniero di Salò. Mussolini e la tragedia italiana 1943–45*, Milano: Mondadori, S. 47.

eingeführt, aber viele Jugendliche schlossen sich lieber den Widerstandsbewegungen an, statt für eine kriminelle Armee zu kämpfen. Denn in dieser Phase der italienischen Geschichte wurden mehrere private Polizeiverbände gegründet. Sie waren faschistisch gesinnt und hatten die Aufgabe, die Bevölkerung zu terrorisieren bzw. die Repressalien gegen die Bevölkerung im Fall des Todes deutscher Soldaten auszuführen. Sie plünderten, erpressten und folterten unschuldige Leute im Namen einer sterbenden Ideologie, im Namen eines Diktators, der sich am liebsten von der Erde hätte verschlingen lassen, weil er wusste, dass sein „Stern", wie er es ausgedrückt hatte, endgültig untergegangen war. Die republikanischen Gerichte arbeiteten fast ohne Pause. Es reichte ein bloßer Verdacht und sofort konnte man ohne Weiteres und ohne Garantien verhaftet werden. Für einen abfälligen Kommentar gegen Hitler oder Mussolini riskierte man eine drakonische Strafe. Mussolini selbst protestierte mehrmals bei Rudolf Rahn. Dem ehemaligen Diktator war zum Beispiel zu Ohren gekommen, dass Männer und Frauen nachts ohne wirklichen Anlass entführt worden und verschwunden waren. Man darf jedoch nicht davon ausgehen, dass er dies aus Gründen der Menschlichkeit machte, es ging ihm primär darum, sein Prestige wiederherzustellen. Es war ein rechtloser Raum für Delinquenten, Folterknechte und Mörder. Es muss jedoch auch gesagt werden, dass einige wenige immer noch an den Faschismus glaubten und der Eidbruch gegen ihre Ehrenvorstellung ging. Am Ende des Kriegs erhielten diese republikanischen Kämpfer zu Recht keine Rente, im Gegensatz zu den Partisanen.

Heutzutage ist es schwer, sich die Gründe vorzustellen, die junge Leute damals dazu brachten, sich für den abgesetzten Mussolini aufzuopfern. Renzo De Felice hat die sehr kontroverse These aufgestellt, dass der faschistische Diktator durch die Gründung der Republik von Salò das Land vor der Rache Hitlers retten wollte, welcher damit gedroht hatte, Italien würde das Schicksal Polens noch beneiden, wenn sich Mussolini zur Gestaltung dieser Vasallenrepublik nicht bereit erklären würde.[99] Diese These scheint wenig plausibel zu sein, denn dies würde den italienischen Diktator teilweise in eine Art Wohltäter verwandeln, was historisch nicht akzeptiert werden kann.

Was die nationalsozialistischen Besatzer betrieben, war unter anderem psychischer Terrorismus: Immer wieder war von Wunderwaffen die Rede, an welchen die deutschen Wissenschaftler seit langem arbeiteten und die bald einsatzfähig sein würden. Es war eine Methode, um die Zivilbevölkerung einzuschüchtern und sie in Zaum zu halten. Diese Wunderwaffen existierten natürlich nicht oder es war vielleicht ein fernes Echo der Atombombe. Die einzigen Waffen, die im Laufe des Krieges tatsächlich entwickelt und eingesetzt wurden, waren die V1- und V2-Raketen, aber selbst diese konnten den weiteren Kriegsverlauf in keiner Weise beeinflussen. Der Rest wurde von der Zensur und der Propaganda erledigt.

---

[99] Vgl. De Felice, Renzo, 1995. *Rosso e Nero*, Milano: Baldini & Castoldi, S. 114–120.

Amerikanische Soldaten berichteten nach dem Krieg von den Lügen der deutschen Propaganda, mit denen die Wehrmacht bei Laune gehalten wurde. So hieß es beispielsweise, dass die Japaner New York bombardiert hätten und dass die USA in Schutt und Asche lägen. Die deutschen Soldaten glaubten wirklich an diese Nachrichten. Ähnlich arbeitete die republikanische Propaganda und ein wichtiges Ziel war die italienische Königsfamilie.

Tragisch war in dieser Phase der Prozess gegen den Schwiegersohn Mussolinis, Galeazzo Ciano. Dieser hatte die Tochter Mussolinis, Edda, geheiratet, aber er gehörte auch zu denjenigen, die auf der letzten Sitzung des faschistischen Großrates gegen Mussolini abgestimmt hatten. In Verona wurde er mit Emilio De Bono, Luciano Gottardi, Carlo Pareschi und Giovanni Marinelli – es waren diejenigen, derer man habhaft werden konnte – zum Tode verurteilt und am 11. Januar 1944 exekutiert, während Tullio Cianetti, der nach der Sitzung Mussolini einen Entschuldigungsbrief geschickt hatte, zu einer hohen Haftstrafe verurteilt wurde. Nun muss die Frage geklärt werden, ob dieses Urteil vom Schwiegervater begünstigt wurde. Die Frage ist nicht so leicht zu beantworten, denn wie es aussieht, schien Hitler keinen besonderen Druck in diese Richtung ausgeübt zu haben. Andere wiederum behaupten, dass Hitler seinem faschistischen Verbündeten gesagt hätte: „Ich verstehe Ihr familiäres Problem, aber Ciano muss sterben". Möglicherweise tendierte Mussolini dazu, seinem Schwiegersohn zu verzeihen, wie einige Dokumente und Aussagen zu suggerieren scheinen, aber die Staatsräson zwang ihn in eine ganz andere Richtung (wieder ein Beleg für seine Unfähigkeit, moralisch zu denken und zu agieren). Vielleicht hatten die Extremisten Druck ausgeübt oder Mussolini wollte ein Zeichen setzen, um den für ihn kämpfenden Soldaten seine Entschlossenheit zu zeigen. Vielleicht wusste er, dass Hitler auf ihn blickte, und er hatte Angst, ihn abermals zu enttäuschen oder Schwäche an den Tag zu legen. Das Gericht, das Ciano und die anderen verurteilte, war natürlich eine rechtliche Ungeheuerlichkeit. Dieser Umstand liegt nicht nur daran, dass die Richter alle fanatische Faschisten waren, sondern auch daran, dass der faschistische Großrat auf rechtlicher Ebene die Pflicht und das Recht hatte, über die eventuelle Absetzung Mussolinis abzustimmen. Es war am 25. Juli eine politische Entscheidung getroffen worden, diese war jedoch, zumindest theoretisch, auch juristisch abgesichert.

Da die Geschichte der Republik von Salò nicht zu den Themen gehört, die weniger bekannt sind und die Fachliteratur dazu sehr reich ist, beschränkt sich nun unsere Argumentation auf das Ende dieses Vasallenstaates. Die Situation war militärisch verzweifelt. Es bestand keine rationale Hoffnung auf eine Verbesserung der Lage. Britische und amerikanische Flieger bombardierten ununterbrochen die italienischen Städte, die Deutschen befanden sich überall im Rückzug, die sowjetischen Soldaten waren nur wenige Kilometer von Berlin entfernt. Hitler war in seinem Bunker lebendig begraben und klagte über die „Schlechtigkeit der Menschen" und über die Tatsache, dass er angeblich zu rücksichtsvoll gewesen wäre; wie viele Möglichkeiten hätte er gehabt, um die Welt umzugestalten, sagte er sich, und nun war alles vorbei. Zeitzeugen behaupten, dass ihm Eva Braun mitleidig gesagt hätte, alle hätten ihn verraten, und Hitler fügte hinzu, dass auch seine SS sich als der Aufgabe nicht gewachsen erwiesen habe. Hitler schimpfte unter anderem über Göring, da er die Korruption in seinem Staate möglich gemacht hätte und über Himmler, welcher den Alliierten einen Kompromissfrieden vorgeschlagen hatte. Mit seinem SS-Arzt, Ludwig Stumpfegger, unterhielt er sich über die Wirkung des Giftes, das er bald einnehmen würde. Die amerikanischen Flugzeuge hatten Japan in Staub verwandelt. Nach den verlustreichen Schlachten von Iwo-Jima und Okinawa war die Clique um Hideki Tojo, der die Regierung in eine kriminelle Militärdiktatur verwandelt und unvorstellbare Kriegsverbrechen begangen oder zumindest toleriert hatte, auch erledigt. Mussolini hatte am 16. Dezember 1944 seine letzte öffentliche Rede in einem Mailänder Theater gehalten. Die auch in der Mussolini-Forschung viel beachtete Rede besagte,

- dass der Frieden mit den Alliierten die Schuld der Krone und der „plutokratischen“ Strömungen des italienischen Bürgertums sei,
- dass das Freimaurertum, das viele obskure Beziehungen zu Pietro Badoglio habe, auch einen großen Teil der Verantwortung trage (diese Aussage speist sich eher aus unhaltbaren Verschwörungstheorien),
- dass der 25. Juli 1943 Hochverrat gewesen sei (was eine seltsame Argumentation ist, denn er selbst hatte den Mitgliedern des faschistischen Großrates die Abstimmung erlaubt),
- dass das tapfere italienische Volk nun die Konsequenzen des von anderen beschlossenen Friedens und des Verrates zu tragen habe und dass Nazi-Deutschland und Japan wissen sollen, dass der militärische Beitrag der Republik von Salò zum Krieg der Achse höher sei, als allgemein angenommen,
- dass der Faschismus schon immer republikanische Tendenzen gehabt habe und die Einigung mit der Monarchie lediglich ein Kompromiss gewesen sei,
- dass das Sozialisierungsprogramm der republikanischen Verfassung von Verona zum Objekt der Bewunderung vonseiten anderer Staaten geworden und der Faschismus somit zu seinen Wurzeln zurückgekehrt sei (angeblich waren die Wurzeln arbeiterfreundlich),
- dass diese Errungenschaften darauf basieren, dass eine zu strenge Bürokratisierung der Wirtschaft durch den Staatstotalitarismus vermieden worden sei; dieser würde den egoistischen Materialismus der Marktwirtschaft überwinden,
- dass er felsenfest überzeugt sei, dass niemand in Norditalien auf die Ankunft der Anglo-Amerikaner hoffe, da sich die Bonomi-Regierung in Süditalien als unfähig und als von einer Lügenpropaganda getragen erwiesen hätte,
- dass die deutschen Truppen überall mit Tapferkeit und Ergebenheit kämpfen und die „geheimen Waffen“ Hitlers eine radikale Wende herbeiführen werden und dass die nationalsozialistischen Wissenschaftler Tag und Nacht

arbeiteten, um die militärische Schlagkraft des Dritten Reiches massiv zu potenzieren,

- dass er, Mussolini, im Jahr 1935 in der Lage gewesen wäre, Großbritannien herauszufordern, denn er hätte 400.000 „Legionäre" auf dem Weg nach Äthiopien an den britischen Schiffen vorbeifahren lassen (es handelt sich dabei um eine klare Manipulation der Wahrheit; die Briten hatten zwar Italien verurteilt und die wirtschaftlichen Sanktionen beschlossen, aber sie dachten, sie würden Italien gegen Hitler noch brauchen. So schlossen sie den Suezkanal nicht und verhängten kein Ölembargo gegen Italien, vielleicht um ein bestimmtes Signal zu senden, und das wäre die einzige wirklich funktionierende Waffe gewesen; Mussolini selbst verriet Hitler 1938, dass, wenn die Briten ein Ölembargo verhängt hätten, er innerhalb von wenigen Wochen Äthiopien hätte verlassen müssen),
- dass er überzeugt sei, dass die Alliierten den Krieg nicht gewinnen würden, denn die monströse Allianz zwischen dem Bolschewismus und der „Plutokratie" würden nicht bestehen bleiben.

Diese selbstherrliche Rede verrät lediglich die absurde und irrationale Entschlossenheit zum weiteren Kampf. Die Menge jubelte ihm zu und der ehemalige Gewaltherrscher Italiens fühlte sich erleichtert und aufgemuntert. Er wusste jedoch ganz genau, dass alles hoffnungslos verloren war.[100] Mussolini musste in eine Rolle schlüpfen, in der er sich selbst mit seinen Durchhalteparolen Mut einflößte und mit einer nationalisierten Masse konfrontiert wurde, die entweder im Vorfeld instruiert worden war oder sich beim Ertrinken an jeden Strohhalm klammerte.

Folgende Anmerkung soll die Analyse vervollständigen: Auch Hitler und Goebbels konnten in ihrer geistigen Beschränktheit überhaupt nicht verstehen, wie sich die westlichen Demokratien mit jemandem wie Stalin verbünden konnten. Sie hielten diese Allianz für derart unnatürlich, dass sie irgendwann, vielleicht sogar vor dem Ende des Krieges, auseinanderbrechen müsse. Als Roosevelt

[100] Wie die Deutschen in Wahrheit mit den Italienern umgingen, kann anhand von folgendem Beispiel veranschaulicht werden. In einem Brief an General Morera, Chef der militärischen Mission in Berlin, forderte Mussolini, dass dieser den deutschen Behörden ein Ultimatum stelle. Der Brief lautet: „Lieber Morera, im Juli 1944 wurde ich gebeten, mich nach Monza zu begeben, um einigen tausenden Soldaten eine Rede vorzutragen, die bald darauf nach Deutschland gehen sollten. Ich wurde von den Soldaten mit ehrlichem Enthusiasmus empfangen und alles verlief ohne Zwischenfälle. Ich sagte ihnen, dass sie nach Deutschland zu einer militärischen Ausbildung gehen und bald nach Italien zurückkehren würden. Die Versprechen sind gar nicht eingehalten worden. Diese Männer wurden überall hin verstreut: Einige wurden zur Arbeit gezwungen, ohne irgendeine militärische Ausbildung absolviert zu haben. Das ist alles schlecht und verwerflich. Diese Männer sind ja betrogen worden und sie hätten und haben Recht, uns zu verurteilen. Ich bitte Sie, sie ausfindig zu machen: Entweder kehren sie nach Italien zurück oder sie bleiben als Soldaten in Deutschland, denn ich möchte niemanden betrügen." Zitiert nach Franzinelli, Mimmo, 2012. *Il prigioniero di Salò. Mussolini e la tragedia italiana 1943–45*, Milano: Mondadori, S. 192.

1945 starb, gratulierte Goebbels seinem „Führer“ und beide hofften, das Wunder von Friedrich II. wieder zu erleben, der kurz vor dem Ende des Siebenjähriges Krieges (1756–1763) in letzter Sekunde gerettet worden war. Was Hitler, Goebbels und die anderen Nazis nicht verstanden, war der Umstand, dass die westlichen Demokratien zuerst den Nationalsozialismus besiegen wollten. Natürlich war die Allianz mit Stalin nur strategisch, und das zeigte sich unmittelbar nach dem Krieg, der Untergang Hitlers und seines verbrecherischen Systems war von Churchill und Roosevelt jedoch priorisiert worden.

Noch eine Anmerkung: Manche Historiker haben die Annahme postuliert, dass Churchill über die Vernichtung der Juden und die Existenz der Konzentrationslager Bescheid wusste, dass er jedoch nichts unternahm, da er Angst hatte, dass die europäischen Israeliten die zionistische Idee in Palästina verwirklichen konnten, wie es nach dem Krieg in der Tat passierte, was zum Ende der britischen Präsenz in der Region hätte führen können. Natürlich verdankt die freie Welt Churchill sehr viel: Wie wir gesehen haben, traute Hitler nur England das Führen eines Übersee-Imperiums zu und wollte die Etablierung eines auch langfristig angelegten *modus vivendi* mit Großbritannien. Churchill weigerte sich, mit Hitler zu paktieren, und rettete so die Freiheit in Europa und auf der Welt. Wenn jedoch die erwähnte Annahme bezüglich Churchill stimmen sollte, wäre dies unverzeihlich.

Mussolini wurde erschossen und seine Leiche geschändet. Das war das tragische Ende eines der am meisten beliebten Staatsmänner in der Geschichte Italiens, denn es entspricht nicht der Wahrheit, dass Mussolini immer gehasst worden war und sein Volk einfach unterdrückte. Bis 1943 hatte er nahezu das ganze Volk hinter sich gehabt. Er war vergöttert, verehrt und angehimmelt worden. Hier liegt die Schuld des italienischen Volkes. Dieses hatte in ihm den Retter in der Not gesehen und hatte ihm die Entscheidung über sein weiteres Schicksal überlassen. Das Plebiszit, das am 24. März 1929 organisiert wurde, ist ein Beispiel dafür. Es ging darum, vom großfaschistischen Großrat designierte Abgeordnete für die Kammer der Deputate, die *de jure* noch existierte, zu wählen. Die Liste bestand aus 400 Namen und die Wahlbeteiligung war sehr hoch, fast 90 %. 8.519.559 stimmten für die Liste ab, 135.761 waren dagegen und das war natürlich ein großer Erfolg für die faschistische Partei. Mussolini hatte im Vorfeld gesagt, er würde sich nicht an das Ergebnis halten (das war seine dubiose Vorstellung der Wahlen), trotzdem wollte er sich ein Meinungsbild holen. Es wurde wenig Druck ausgeübt, ein Umstand, der noch einmal klar zeigt, dass die meisten mit Mussolini waren und seine Politik gutgeheißen wurde. Im Winter des Jahres 1930 organisierte die Partei auf Geheiß Mussolinis in den Industriestädten mit einem hohen Arbeitslosigkeitsgrad soziale Hilfe für die bedürftigen Familien: Brot und Suppen wurden verteilt. Die Arbeitslosen mit Familie durften außerdem mehr Reis und Kohle vom Staat bekommen. Es liegt auf der Hand, dass diese Großzügigkeit vonseiten der Regierung beim Volk sehr gut ankam und sich auch propagandistisch hervorragend nutzen ließ. Natürlich existierten auch antifaschistische Parteien und Gruppierungen, unter denen die Kommunisten am aktivsten und am besten organisiert waren, aber *summa summarum* hatte der Faschismus kaum Anlass zur Sorge, was den Konsens anbelangt.

Mussolini konnte sich perfekt in Szene setzen: Er wollte sich als eine Art „Übermensch" zeigen; er fuhr schnelle Autos, arbeitete zu propagandistischen Zwecken stundenlang mit den Bauern auf deren Feldern und war sogar ein recht passabler Pilot. Einmal flog er zusammen mit Hitler und bat dessen Piloten Hans Baur, ihn das Flugzeug fliegen zu lassen, was er mit dem Eiverständnis Hitlers für zirka eine halbe Stunde tat. Er tat so, als wäre er sehr selten krank (in Wahrheit litt er häufig unter abdominalen Schmerzen) und im Fall einer Krankheit fastete er 24 Stunden lang. Dass Mussolini sich auf diese Art und Weise profilierte, gefiel den Italienern. Dazu gehörte auch eine eher männerzentrierte Ideologie. Mussolini hatte Emil Ludwig gesagt, dass Frauen in seinem Staat nicht zählten. Und Seitensprünge bei Männern waren gut angesehen, denn der „faschistische Mann" musste mit Frauen Erfolg haben.

Nein, wie die jüdische Philosophin Hannah Arendt sagt (und wir würden ihr nie widersprechen), wäre es vielleicht falsch, Mussolini mit Hitler und Stalin zu vergleichen, aber eine Freiheit einschränkende Diktatur war es trotzdem, spätestens seit dem Jahr 1925, wie wir gezeigt haben, und das italienische Volk trägt definitiv einen Teil der Verantwortung.[101]

---

[101] Vgl. Arendt, Hannah, 2008. *Eichmann in Jerusalem. Ein Bericht von der Banalität des Bösen*, München: Piper, S. 279 f. Die Philosophin und Politologin schreibt: „ITALIEN, Deutschlands einziger Verbündeter in Europa, wurde als gleichberechtigter Partner betrachtet und als souveräner, unabhängiger Staat respektiert. Das Bündnis beruhte anscheinend auf der höchsten Form gemeinsamer Interessen, die zwei ähnliche, wenn auch nicht identische neue Herrschaftsformen miteinander verbanden, und Mussolini war in der Tat in deutschen Nazikreisen einstmals sehr bewundert worden. Doch zu dem Zeitpunkt, als der Krieg ausbrach und Italien sich nach eigenem Zögern dem deutschen Unternehmen anschloss, gehört das bereits der Vergangenheit an. Die Nazis wußten recht gut, dass sie mit Stalins Form von Kommunismus mehr gemein hatten als mit dem italienischen Faschismus, und Mussolini seinerseits blickte weder mit großem Vertrauen auf Deutschland noch mit großer Bewunderung auf Hitler. Das alles gehörte jedoch, besonders in Deutschland, zu den gut gehüteten Geheimnissen der Führungsschicht, und die tiefen, entscheidenden Unterschiede zwischen totalitärer und faschistischer Herrschaftsform sind von der Außenwelt bis auf den heutigen Tag nicht völlig begriffen worden."

5 Mussolini und Churchill: Freundschaft oder Feindschaft?

Winston Churchill (Blenheim Place, Woodstock, 1874 – London, 1965) und Benito Mussolini trafen sich im Jahre 1927 in Rom und unterhielten sich auf Französisch (und nicht auf Italienisch, wie manche fälschlicherweise behaupten) über politische und soziale Themen. Später sagte Mussolini, dass sein Gesprächspartner ihn aufgrund von seiner phänomenalen Bildung beeindruckt habe. Das Verhältnis zwischen Churchill und Mussolini war sehr komplex, teilweise sogar widersprüchlich und weist mehrere Phasen auf. Es lohnt sich an dieser Stelle, auf das abenteuerliche Leben des späteren britischen Regierungschefs und seinen politischen Lebenslauf hinzuweisen, um dann die Rahmenbedingungen seiner Auseinandersetzung mit dem späteren Diktator zu eruieren und in den passenden Kontext einzufügen.[102]

Churchill war ein Aristokrat, der das Royal Military College in Sandhurst besuchte und in einem politischen Klima aufwuchs, das von der Übermacht Großbritanniens geprägt war. Angeblich ein eher schwächerer Schüler, widmete er sich sehr früh dem Lesen und verschlang immer wieder Biografien der großen Protagonisten der Geschichte wie Napoleon und Caesar. Zu seiner Lektüre gehörten Plato und Aristoteles, Byron und Milton. Bei einem Besuch in Italien war er von der Schönheit der italienischen Städte und deren Ruinen extrem beeindruckt. Im passenden Alter meldete er sich beim Expeditionskorps Malakand Field Force, über welches er 1898 auch ein mehrfach gelobtes Buch verfasste. Zwei Gedanken beschäftigten ihn in dieser Lebensphase: Er wollte als Soldat kämpfen und er war von der Politik angezogen, so dass er mehrmals in Erwägung zog, für die konservative Partei zu kandidieren. Das Oberkommando schickte ihn nach Sudan; der Feldzug richtete sich gegen den berühmten Mohammed Ahmed Mahdi, der in der Region eine inakzeptable Theokratie etablieren wollte und dafür das British Empire herausgefordert hatte. Diese Erfahrungen wurden später in *The River War* literarisch verarbeitet, ein Umstand, der für den jungen Winston insofern schmeichelhaft war, als er ihn in ganz Großbritannien bekannt machte. Es war auch die Zeit des grausamen Burenkrieges (1899–1902). Dieser Krieg war eine große militärische Auseinandersetzung zwischen Großbritannien und den holländischstämmigen Buren der Republik Transvaal und des Oranje-Freistaats in Südafrika um die dortigen Goldvorkommen und Diamantenminen. Zu Beginn des Krieges schienen die Buren langsam die Oberhand zu gewinnen, auch weil

---

[102] Die kurze, aber gut recherchierte Biografie von Antonio Spinosa hat sich als sehr nützlich erwiesen: Spinosa, Antonio, 2001. *Churchill. Il nemico degli italiani*, Milano: Mondadori.

sie eine grausame Guerilla-Taktik verwendeten, die zum größten Teil die Kooperation der Zivilisten voraussetzte. Um die damit verknüpften Schwierigkeiten zu minimieren, schufen die britischen Militärbehörden die ersten Konzentrationslager und internierten unschuldige Zivilisten (als die Briten während des Kriegs offiziell Protest gegen die deutschen Konzentrationslager einreichten, stand Hermann Göring auf, holte ein Lexikon aus dem Regal und las dem britischen Diplomaten vor: Die Engländer hätten die ersten Internierungslager im Burenkrieg eingerichtet; damit wollte er die Gesprächspartner in Verlegenheit bringen).[103] Der Krieg endete am 31. Mai 1902 mit dem Friedensvertag von Vereeniging; die beiden Burenrepubliken verloren ihre Unabhängigkeit, behielten aber eine gewisse administrative Autonomie, setzten Afrikaans als Amtssprache durch und ließen sich das Segregationsregime bestätigen. Churchill sah sich als Journalist für die *Morning Post* in die Kämpfe involviert und wurde sogar verhaftet und in ein Internierungslager verschleppt, aus dem er jedoch nach wenigen Wochen floh. In England angekommen und als Held gefeiert, war der junge Churchill oft beim König Eduard VII. zu Gast. Inzwischen vertiefte er seine literarische Bildung durch das Lesen der Werke von Joseph Conrad, Shakespeare, Dante etc.

Beim Ausbruch des Ersten Weltkrieges war er (seit 1911) Kriegsmarineminister und trug später überdies zum Bau und zur Entwicklung des ersten Panzerwagens bei. Um den Schlieffen-Plan umzusetzen, verletzte die deutsche Armee die belgische Neutralität und drang in Frankreich ein. Die deutschen Truppen begingen bekanntlich zahlreiche Kriegsverbrechen gegen die belgische Zivilbevölkerung. Die Gefahr der *franc tireurs*, mit der die preußischen Truppen 1870/71 konfrontiert worden waren, war noch wohl in Erinnerung, so dass die indoktrinierten Kämpfenden in jedem Zivilisten einen Feind sahen. Niemand hatte den Schützengraben-Krieg prophezeit. Um Schwung in den Krieg zu bringen, beschloss Churchill, eine ziemlich waghalsige militärische Operation in Richtung Dardanellen zu starten, von der Illusion getrieben, schnell nach Istanbul gelangen zu können und das Osmanische Reich zur Kapitulation zu zwingen. Dieser Plan erwies sich als nicht umsetzbar und endete in einem Desaster. Landungen auf der Halbinsel Gallipoli wurden jedoch durchgeführt (25. April 1915), dabei kämpfte das australisch-neuseeländische Armeekorps (ANZAC) mit großem Eifer und bemerkenswerter Tapferkeit. Der Militärhistoriker Hew Strachan

[103] Es waren jedoch nicht die Briten, die zum ersten Mal Konzentrationslager errichteten, sondern die Amerikaner im Sezessionskrieg 1861–1865. Berüchtigt ist in diesem Zusammenhang das Konföderierten-Internierungslager von Andersonville, in dem die Kriegsgefangenen, die Unionisten, ausgehungert wurden. Der dortige Kommandant, Henry Wirz, wurde am 10. November 1865 gehängt. Die Union verfolgte nach dem Krieg eine Politik der Amnestie, um die beiden Seiten der USA miteinander zu versöhnen, jedoch waren die Kriegsverbrechen in diesem Lager derart grausam und inakzeptabel gewesen, dass das Gericht keinen Augenblick zögerte, den ehemaligen Kommandanten der vorsätzlichen Tötung von Kriegsgefangenen schuldig zu befinden.

schreibt dazu, dass Gallipoli als der Zeitpunkt in der Geschichte Australiens beschrieben worden ist, da es zur Nation reifte.[104] Ende der Jahres 1915 folgte eine erniedrigende Evakuierung und Churchill wurde, eigentlich zu Recht, für die Niederlage verantwortlich gemacht und aus der Regierung entfernt. Diese Pause seiner Regierungsmitgliedschaft war jedoch relativ kurz, denn Churchills persönlicher Freund Lloyd George, der inzwischen Premier geworden war, ernannte ihn im Juli 1917 zum Munitionsminister. Später (1919–1920) wurde er Kriegsminister und plädierte für die militärische Hilfe an die Menschewiken, mit deren Hilfe eine eventuelle Schwächung des kommunistischen Feindes ermöglicht werden konnte. Die Angst vor der Ausbreitung des Kommunismus ist eine Konstante im politischen Leben und Agieren Churchills. Natürlich muss auch festgehalten werden, dass er sich im Laufe des Zweiten Weltkriegs, zu Beginn der Operation *Barbarossa*, mit Stalin verbündete, aber dies geschah aus politisch-militärischen Gründen und gegen den Nationalsozialismus, Churchill, mittlerweile britischer Premierminister, sagte dazu, dass, wenn Hitler die Hölle bekämpft, er sich mit dem Teufel verbünden würde. Churchills Antikommunismus ist von Bedeutung, denn Churchill schätzte die antikommunistische Gesinnung Mussolinis und lobte ihn für die Erfindung eines „dritten Weges“, der weder Kapitalismus noch Kommunismus war.

Als Minister der Kolonien musste sich Churchill mit dem irischen Problem auseinandersetzen, er verließ 1922 die liberale Partei und kandidierte wieder für die Konservativen.

Der Historiker Arrigo Petacco erzählt, dass die Ehefrau von Churchill, Clementine, die erste war, die Mussolini kennenlernen durfte. In einem Brief an ihren Ehemann schrieb sie am 26. März 1926:

> „Ich habe Mussolini kennengelernt, er ist als Privatmann zum Tee mit Sybil gekommen, einen Tag nach unserer Ankunft. Er strahlt etwas aus, er handelt einfach, spontan, würdevoll, hat ein faszinierendes Lächeln und penetrante braun-goldene Augen. Man kann aber seinen Blick nicht aushalten. Als er hineinkam, sprangen alle (auch die Frauen) auf, wie bei einem König. Man konnte nicht umhin, so zu reagieren. Das war in dem Augenblick die natürlichste Sache der Welt. Er löst eine Art angenehme Furcht aus. Sofort spürst du den Drang, für ihn etwas zu machen, seine Wünsche zu erfüllen. Er liebt die Musik und er selbst spielt die Geige. Sybil hatte für ihn ein schönes Konzert organisiert. Ich habe ein paar Minuten mit ihm geplaudert: Er schickt dir freundliche Worte und fügt hinzu, dass er dich gerne kennenlernen möchte. Ich bin mir dessen sicher, dass er ein großer Mann ist. Ich hoffe, dass ihm nichts geschieht. Er war blass und dünn, aber er machte keinen kranken Eindruck auf mich. Er löst sicher eine fanatische Ergebenheit bei seinen Anhängern aus. Ich habe erfahren, dass er nächste Woche vor 50.000 Leuten eine Rede halten wird, im Freien und zwar zum Anlass des fünften Jubiläums seit der Machtergreifung des Faschismus. Wir werden ihm zuhören. Wir werden zwar kein Wort verstehen, aber das wird trotzdem interessant sein. Es sieht so aus, als würden ihm die Grahams gefallen [die

104 Vgl. Strachan, Hew, 2009. *Der Erste Weltkrieg*, München: Pantheon, S. 153.

Familie des britischen Botschafters in Rom]. Mussolini hat mir gesagt, dass das Gerücht kursiert, dass du Außenminister wirst."[105]

Als Mussolini und Churchill sich im Januar 1927 trafen, begann eine journalistische Kooperation, die einen langfristigen Schatten warf. Zu diesem Anlass verzichtete Churchill auf seine gewöhnliche Zigarre, da ihm mitgeteilt worden war, dass der faschistische Diktator den Zigarrenrauch in seinem Büro nicht tolerierte. Begleitet wurde er vom britischen Botschafter Ronald Graham. Nach dem Gespräch lobte Churchill die Freundlichkeit seines Gesprächspartners und wies auf die universelle Bedeutung des Erfolgs seiner Partei als Absage an den Kommunismus hin. Zunächst ist festzuhalten, dass Churchill zum Mitarbeiter der 1914 gegründeten faschistischen Zeitung *Il Popolo d'Italia* wurde. Ein Kontrakt wurde unterschrieben und der Brite publizierte 14 oder 17 Artikel – die Historiker streiten um die genaue Zahl. Aber die genaue Zahl ist nicht sehr relevant. Was aber von Bedeutung ist, ist der Umstand, dass Mussolini, der die Zeitung und den Verlag besaß, Churchill sehr gut bezahlte. In diesen Artikeln ging es primär um Themen der internationalen Politik. Dass diese Zusammenarbeit mehrere Jahre andauerte, wird heute von britischen Historikern in Frage gestellt.

In der Tat umgibt ein Geheimnis diese Problematik und dieses ist noch nicht wirklich gelüftet worden. Die Fakten können wie folgt zusammengefasst werden: Als 1929 die Konservativen die Wahl verloren, blieb Churchill für ungefähr zehn Jahre ohne nennenswerte Funktion in der Welt der britischen Politik. Viele Beobachter hielten seine politische Karriere für beendet und die Erinnerung an die vielen Rückschläge während des Ersten Weltkrieges war noch wach. Er unterstützte Eduard VII. und kritisierte die Appeasement-Politik von Neville Chamberlain (1869–1940) scharf. Dieser wollte Nazi-Deutschland unbedingt beschwichtigen, ging auf alle Forderungen Hitlers ein und unterzeichnete im Jahre 1938 mit ihm das fragwürdige Münchner-Abkommen. Einige Historiker, wie zum Beispiel Liddell Hart, sind der Meinung, dass einer der vielen Gründe für den Angriff auf Polen die bis dato bewiesene Schwäche der westlichen Demokratien war. Als Hitler sich auch einen Teil von Polen gewaltsam inkorporieren wollte, reagierten die Alliierten plötzlich kompromisslos, ein Umstand, der auch Hitler verwunderte. Chamberlain sagte nach der Unterzeichnung des Abkommens: „Das ist der Frieden für unsere Zeiten", worauf Churchill polemisch erwiderte: „Das Kabinett Chamberlain wollte den Frieden und wird den Krieg haben"[106]. Churchill zeigte sich als verbissener Feind Hitlers: Die beiden hätten sich in der Vergangenheit sogar treffen können, als jedoch der Brite behauptete, er könne

105 Dieser Brief ist in Petacco, Arrigo, 2004. *L'uomo della Provvidenza. Mussolini, ascesa e caduta di un mito*, Milano: Mondadori, S. 235 in italienischer Sprache zu finden, Übersetzung vom Autor dieses Buches.

106 Zit. nach Petacco, Arrigo, 2006, *L'uomo della provvidenza. Mussolini, ascesa e caduta di un mito*, Milano: Mondadori, S. 185.

nicht verstehen, wie man eine Person aufgrund von ihrer Geburt hassen kann (es war eine Anspielung auf den kriminellen Antisemitismus Hitlers), hatte der Diktator das Treffen abgesagt und für Churchill nur noch Verachtung übriggehabt.

In dieser Phase fand angeblich ein Briefaustausch zwischen Churchill und Mussolini statt, in dem der Brite versuchte, den italienischen Diktator von seiner Allianz mit Hitler abzubringen und sich an den westlichen Demokratien zu orientieren. Es sind sehr interessante Briefe enthalten, in denen der britische Premier andeutete, dass die königliche Regierung dazu bereit sei, die Grenzen Ugandas und Kenias zu revidieren oder eventuell sogar an der geopolitischen Geografie Nordafrikas zu rütteln, damit Mussolini seine nazifreundliche Politik aufgibt. Erwähnt wurde auch die Möglichkeit einer Internationalisierung der Eisenbahn-Linie Dschibuti-Addis Abeba, was eindeutig gegen die Interessen Großbritanniens ging. Auf jeden Fall, und das betonte Churchill immer wieder, sei es nicht möglich, auf Malta, das sich in Hinblick auf den in Nordafrika geführten Krieg als wichtige Waffe erweisen sollte, auf Sudan oder auf Britisch-Somaliland zu verzichten. Aber genau das waren die langfristig angelegten Ziele der faschistischen Außenpolitik: Mussolini antwortete, dass Italien auf keinen Fall auf seine Vorherrschaft über die Routen des Mittelmeeres verzichten könne, Malta und Sudan seien viel zu wichtig angesichts der Hegemoniepläne der Regierung in Rom. In den Antworten Mussolinis wurden überdies Korsika und Nizza erwähnt. Nach diesem Briefaustausch begann der Zweite Weltkrieg und Mussolini und Churchill standen sich als Feinde gegenüber.

Hier fängt das „Geheimnis" an. Viele Historiker und Zeitgenossen behaupten, dass der Briefaustausch zwischen den beiden über geheime Kanäle weiterging, auch während des Krieges, ein Umstand, der eigentlich verwundern muss. Mussolini und Churchill hätten, obwohl sie offiziell Feinde waren, weiterhin Briefe und Informationen ausgetauscht. Diese Annahme stützt sich auf einige dubiose Indizien, die systematisch auf ihren Wahrheitsgehalt zu prüfen hier nicht der Ort ist. Die besagten Indizien sind ziemlich fragwürdig, da sie sich anscheinend eher auf Zeugenaussagen stützen als auf nachprüfbare Fakten. Am wichtigsten scheint folgender Hinweis zu sein: Als Mussolini im April 1945 auf dem Weg nach Dongo war, um in Richtung Veltlin oder Schweiz (aber die helvetische Republik hatte schon angekündigt, keine Kriegsverbrecher ins Land zu lassen) zu fliehen, trug er eine schwere Tasche bei sich, die voller Unterlagen war. Die meisten Forscher sind der Meinung, dass der ehemalige Diktator auf diese Dokumente viel Wert legte, vielleicht aus dem Grund, dass er sie seinen zukünftigen Richtern zeigen wollte. Was in dieser Tasche genau war, wurde später rekonstruiert: Es waren Unterlagen über Umberto von Savoyen, über Mussolinis Briefaustausch mit Adolf Hitler, über den Prozess von Verona (bei dem sein Schwiegersohn Galeazzo Ciano zum Tod verurteilt und exekutiert wurde, weil er am 25. Juli 1943 für die Entmachtung Mussolinis abgestimmt hatte) und „Sonstiges".

Vom Material über den Briefverkehr Mussolinis mit Churchill war jedoch überhaupt keine Spur. Eventuell könnten die Verfechter der Briefwechseltheorie einwenden, dass der britische Geheimdienst unbeobachtet bereits zugeschlagen und die kompromittierenden Briefe vernichtet hatte, was wiederum höchst spekulativ wäre. Mussolini und Churchill beschimpften sich während des Krieges gnadenlos über die bewährte Methode der Dämonisierung des Feindes durch eine gezielte Propaganda in Form von Plakaten und Karikaturen in den Zeitungen. Die italienische Propaganda schrieb zum Beispiel über den britischen Premier: „Wie mag Winston Churchill Kinder? Blond oder braunhaarig?" Antwort: „Tot!", in Anspielung auf die Zivilopfer der anglo-amerikanischen Luftangriffe auf die italienischen Städte (dazu fügte der italienische Diktator hinzu, dass die Luftangriffe die Schuld von blutrünstigen Piloten „schwarzer Rasse" wären, die keine Sensibilität für die Kultur hätten). Dass sich die beiden auf diese Art und Weise beleidigten, ist an sich sicher kein Beweis für die Nicht-Existenz dieser Briefe. Man könnte beispielsweise argumentieren, dass dies nur eine Fassade, ja eine Falle für Hitler und für den Rest der Welt war. Allerdings liegt die Beweislast selbstverständlich bei den Vertretern der Briefwechselhypothese: Die Existenz etwaiger Briefe muss gezeigt werden, nicht ihre Nicht-Existenz bewiesen. Und die Beweisführung für die Briefe ist im Prinzip inexistent.

Mussolini wurde bei der Fahrt in Richtung Schweiz von kommunistischen Partisanen verhaftet. Er hatte sich als deutscher Soldat verkleidet und wurde, nach der offiziellen Version, von einem Partisan namens Urbano Lazzari sofort erkannt. Andere behaupten jedoch, dass der zuständige deutsche Offizier, Fritz Birzer, das Leben Mussolinis für die Erlaubnis, weiterzufahren und das Reich zu erreichen, verkauft hätte. Anderenfalls wäre er bereit gewesen, bis zum Tod zu kämpfen. Fest steht jedenfalls, dass Mussolini von der 52. Garibaldi-Brigade festgenommen und verhört wurde. Es war der Nachmittag des 27. April 1945. Bei sich hatte er seine langjährige Geliebte, Claretta Petacci, die ihn trotz der Einwände ihres Liebhabers auf keinen Fall verlassen wollte. Die Deutschen durften also weiterfahren, Mussolini wurde nach Dongo verschleppt. Um drei Uhr nachts wurden die Gefangenen geweckt und an einen anderen Ort gebracht.

Hier kommt Walter Audisio (von den Partisanen Valerio genannt) ins Spiel, welcher den Befehl bekommen hatte, Mussolini hinzurichten. Er war fest entschlossen, diesen Befehl so gewissenhaft wie möglich (und vor allem so schnell wie möglich) auszuführen. Benito Mussolini und Claretta Petacci wurden am 28. April 1945 in einer Ortschaft namens Giulino di Mezzegra getötet. Über den genauen Verlauf der Exekution ist viel geschrieben worden, viele stellen die offizielle Version in Frage. Anscheinend drängte der ehemalige Diktator zur Eile (mit den Worten: „Bitte macht schnell!") und Claretta Petacci warf sich vor ihn hin, um ihn zu schützen. Andere wiederum suggerieren, dass die Widerstandsbewegung möglicherweise vom britischen Geheimdienst angeleitet wurde. Das Kursieren von dubiosen Gerüchten ist relativ normal, auch über Hitler wurden solche Fabeln erzählt. Zum Beispiel hieß es damals, dass Hitler sich mit einem U-

Boot nach Japan abgesetzt hätte oder sich eventuell in Argentinien aufhielt. Als die Sowjets Berlin besetzten, wurden die engsten Mitarbeiter Hitlers im „Führerbunker“ nach Moskau verschleppt und gefoltert, damit sie den Aufenthaltsort Hitlers preisgaben. Die Wahrheit ist jedoch viel einfacher: Als Mussolini getötet, an den Füßen gehängt und bespuckt wurde, erreichte diese Nachricht schnell Berlin: Hitler wollte nicht so enden und erteilte gleich seinem SS-Adjutanten Otto Günsche den Befehl, nach seinem Tod seine Leiche zu verbrennen. Auch in diesem Fall muss eine Behauptung richtiggestellt werden, die als Wahrheit Eingang in die Schulbücher gefunden hat, jedoch als unpräzise kategorisiert werden kann. Der Mussolini-Kenner Arrigo Petacco schreibt:

> „Es ist gesagt und geschrieben worden, dass Hitler und Eva Braun die Entscheidung trafen, ihre Leichen verbrennen zu lassen, nachdem sie die Schändung der Leichen von Mussolini und Claretta auf *Piazzale Loreto* gesehen hatten. Das stimmt allerdings nicht. Der Führerbunker verfügte über alle möglichen modernen Apparate, aber nicht über den Apparat der Fernfoto-Reproduktion. Also ist es unmöglich, dass sie die Bilder eines Ereignisses sehen konnten, das fast gleichzeitig mit ihrem Tod geschah“.[107]

Diese Aussage muss an dieser Stelle revidiert werden. Es ist schon möglich, dass Hitler keine Bilder gesehen hatte. Informiert wurde er aber trotzdem. Rochus Misch, der an diesen Tagen im „Führerbunker“ anwesend war und als zuverlässige Quelle betrachtet werden soll, schreibt dazu:

> „Etwas gegen 23 Uhr kam über Funk die Nachricht, dass italienische Partisanen Mussolini und dessen Geliebte Clara Petacci erschossen und öffentlich an den Füßen aufgehängt hätten. Irgendjemand sagte, es gäbe sogar Bilder davon. Hätte es noch irgendeines Auslösers für Hitler bedurft, um den ins Auge gefassten Selbstmord in die Tat umzusetzen – das war es wohl.“[108]

Hitler mag die Fotos nicht gesehen haben. Aber trotzdem kann behauptet werden, dass er nicht wie sein Freund und Verbündeter Mussolini enden wollte.

Doch müssen wir uns nun fragen, was mit der berühmten Tasche mit den heiklen Unterlagen geschah. Diese wurde zunächst von den Partisanen in Augenschein genommen. Es ist nicht auszuschließen, dass Agenten des britischen Geheimdienstes anwesend waren, aber das ist nie bewiesen worden. Nach dem Krieg begab sich Winston Churchill nach Italien, an den Como-See. Dort wurde er inkognito vom General Alexander in der Apraxin-Villa beherbergt: Er ließ sich

---

107 Vgl. Petacco, Arrigo, 2013. *Eva e Claretta. Le amanti del diavolo,* Milano: Mondadori, S. 206. Auf Italienisch: „È stato detto e scritto che Hitler e Eva Braun decisero di far cremare i loro corpi dopo avere visto lo scempio die cadaveri di Mussolini e Claretta in piazzale Loreto. Non è vero. Il *Führerbunker* era dotato di tutti i congegni moderni, ma non dell'impianto per le telefoto. Quindi è impossibile che abbiano potuto vedere le immagini di un evento accaduto quasi in contemporanea con la loro morte“.

108 Misch, Rochus, 2008. *Der letzte Zeuge. Ich war Hitlers Telefonist, Kurier und Leibwächter,* 2. Aufl. Zürich/München: Pendo, S. 219.

Colonel Waltham nennen. In dieser Villa, behaupten einige Historiker, habe General Alexander die Mussolini-Unterlagen aufbewahrt. Der bereits zitierte Historiker Petacco schreibt dazu:

> „An der Stelle überfällt mich ein Zweifel: Wird es nicht so sein, dass Churchill statt dieser legendären Unterlagen in der Apraxin-Villa die Quittungen der Bezahlungen für die Artikel für die Zeitung *Il Popolo d'Italia* suchte?"[109]

Es ist schon möglich, dass Churchill nur diese Unterlagen suchte. Das würde bedeuten, dass ein Briefverkehr mit Mussolini während des Kriegs ins Reich der Fabeln verwiesen werden muss. Andererseits stellt sich folgende Frage: Es war vielen klar, dass fast alle Regierungschefs Europas, nicht nur Churchill, Mussolini bewunderten, vor allem als Gegensatz zu Hitler, der nur einen unlogischen und fanatischen Eindruck machte. Es war außerdem vielen bekannt, dass der britische Premierminister in der Zeitung des ehemaligen Diktators Artikel publiziert hatte. Warum sollte es dann notwendig gewesen sein, diese Quittungen an sich zu nehmen? Vielleicht weil sie ein Beweisstück darstellten? Aber Mussolini war schon tot und der Sieg über die faschistischen Diktaturen war unter anderem ein Verdienst Churchills.

Das Geheimnis wird ungelüftet bleiben, aber beim Betrachten der ganzen Indizien wird man schon annehmen müssen, dass der Briefaustausch zwischen den beiden nie stattgefunden hat. Sollte es anders sein, wäre der Umstand, dass die beiden ihre Soldaten in einem mörderischen Krieg in den Tod schickten, während sie wichtige Informationen austauschten, vor der Geschichte unverantwortlich gewesen. Andererseits ging es um den Kampf gegen den Nationalsozialismus, ein Umstand, der ein solches Verhalten Churchills nachvollziehbar machen würde. Festzuhalten ist auch, dass Mussolini zu viel Angst vor der Reaktion Hitlers hatte, als dass er ohne Weiteres die Seiten hätte wechseln können. Dies passt jedenfalls nicht in das Gesamtbild eines Mussolini, der gegen Ende des Krieges nicht mehr klar denken konnte und sich von Hitler befehligen lassen musste.

Der Zweite Weltkrieg hat auch andere Rätsel, die bisher nicht ganz gelöst sind und nun lediglich angerissen werden. Zum Beispiel wird heute dem damaligen amerikanischen Präsidenten Theodore Roosevelt vor dem Tribunal der Geschichte immer noch vorgeworfen, von den Vorbereitungen der Japaner auf den Angriff auf Pearl Harbour gewusst zu haben. Er habe den Angriff geschehen lassen, weil er die isolationistischen Tendenzen des Kongresses und des amerikanischen Volkes kannte und einen klaren *casus belli* benötigte, um die USA in den

---

109 Petacco, Arrigo, 2015. *La storia ci ha mentito. Dai misteri della borsa scomparsa di Mussolini alle „armi segrete" di Hitler, le grandi menzogne del Novecento,* Milano: Mondadori, S. 39: „A questo punto mi sorge un dubbio: non sarà che, invece delle fantomatiche lettere, Churchill andasse cercando fra le carte di Mussolini raccolte a Villa Apraxin le ricevute di quei pagamenti?"

Krieg ziehen zu lassen. Nach den ersten spektakulären Eroberungen der japanischen Armee in Indochina beschloss das Weiße Haus ein strenges Öl-Embargo gegen das Land der aufgehenden Sonne, welches von der Öleinfuhr abhängig war. Roosevelt wusste ganz genau, dass es nur eine Frage der Zeit war, bis der Pazifikkrieg ausbrechen würde. Ob dies der Wahrheit entspricht, wurde jedoch nie bewiesen. Kein Ruhmesblatt für die USA stellt außerdem die Tatsache dar, dass Tausende Japaner, Deutsche und Italiener, allesamt Zivilisten, interniert wurden, obwohl sie faktisch keine Gefahr darstellten. Die amerikanischen Behörden befürchteten, dass sie für ihr Herkunftsland spionieren könnten. Oder man könnte sich fragen, warum der kommunistische Diktator Stalin gut ausgerüstete und frische sibirische Truppen aus dem Gebiet der Grenze zu China abzog und sie an der Westfront gegen die deutschen Truppen einsetzte. Ging Stalin einfach das Risiko ein oder wusste er, dass die Japaner nicht angreifen würden? Auch diesbezüglich sind einige Fragen nicht ganz beantwortet worden. Es ist möglich, dass der deutsche Kommunist und Spion Richard Sorge – der in Japan lebte, seltsamerweise von den japanischen Behörden toleriert wurde und Stalin schon über den bevorstehenden Angriff Hitlers auf die Sowjetunion informiert hatte (aber Stalin hatte ihm nicht geglaubt) – Stalin über dunkle Kanäle wissen ließ, dass die japanische Regierung nicht beabsichtigte, ihre Truppen gegen die Sowjetunion zu verwenden.[110]

Noch interessanter ist Folgendes: In einem autobiografischen Roman der Zeitgenossin Luciana Frassati (geboren in Pollone, Biella am 18. August 1902), die Mussolini persönlich kennenlernte, ist eine Passage enthalten, die vielen Historikern nicht bekannt ist. Die Autobiografie *Il destino passa per Varsavia* („Das Schicksal geht über Warschau") wurde zum ersten Mal im Jahr 1949 publiziert.[111]

---

110 Richard Sorge (1895–1944) leitete ein kommunistisches Netz namens *Rotes Orchester* zusammen mit dem Schriftsteller Hotsumi Ozaki. Sorge wurde am 7. November 1944 hingerichtet.
Vom 4. bis zum 11. Februar 1945 trafen sich in Jalta auf der Krim Stalin, Roosevelt und Churchill und diskutierten über die bevorstehende Niederlage Nazi-Deutschlands. Hier wurde die Aufteilung Deutschlands in vier Besatzungszonen entschieden, außerdem würde die deutsche Industrie abgebaut und das Heer aufgelöst werden. In Jalta wurden auch die Vereinten Nationen geboren, die an die Ziele und die Prämissen des Völkerbundes erinnerten, aber effizienter sein sollten. Die Sowjetunion verpflichtete sich, für die Kurilen Japan den Krieg zu erklären. Die Sowjets wollten jedoch auch die Rückgabe der Territorien, die im unglücklichen Krieg in den Jahren 1904/05 verloren gegangen waren. Im Nachhinein kann behauptet werden, dass die Warnungen Churchills an Roosevelt, dass die kommunistische Gefahr konkret sei, in den Wind geschlagen wurden. Roosevelt legte viel Wert auf die Freundschaft mit Stalin und wollte auf keine Diskussionen über die Zukunft der kommunistischen Hegemonie in Osteuropa eingehen.

111 Vgl. Frassati, Luciana, 1949. *Il destino passa per Varsavia,* Milano: Bompiani, S. 283–288. Vgl. dazu auch Vecchiato, Francesco, 2006. L'antinazismo di Werner von der Schulenburg, in: Vecchiato, Francesco/Gargano, Antonella (Hrsg.): *Matthias e Werner von der Schulenburg. La*

In diesem autobiografischen Roman wird unter anderem von der Freundschaft der Autorin mit dem deutschen Aristokraten Werner von der Schulenburg erzählt.[112] Dieser war angeblich in die Attentatspläne vom 20. Juli 1944 gegen Adolf Hitler involviert, obwohl er keine große organisatorische Rolle gespielt hatte. Der Aristokrat erzählte der Autorin, dass er Benito Mussolini über das bevorstehende Attentat informiert und gleichzeitig seine moralischen Skrupel bezüglich des Tyrannenmordes zum Ausdruck gebracht hätte. So hätte er nach ein paar Tagen eine Fotografie von Mussolini bekommen, auf der *Al traduttore non traditore* stand („Dem Übersetzer, der nicht verrät"; gemeint ist natürlich in erster Linie der Spruch *Traduttore traditore*, was bedeutet, dass der Übersetzer nicht alle Nuancen und Facetten der Ausgangssprache wiedergeben kann, aber in diesem Kontext ist die Bedeutung eine ganz andere).[113] Schulenburg hätte außerdem von der Gestapo verhaftet werden sollen, aber Mussolini hatte ihn geschützt.[114] Nun stellt sich folgende Frage: Ist es möglich, dass Mussolini vom Stauffenberg-Attentat wusste und nichts sagte, weil er hoffte, dass dieses gelingt? Vielleicht

---

dimensione europea di due aristocratici tedeschi, Udine: Del Bianco, S. 303–372 sowie Mattarucco, Tomaso, 2016. *Mussolini und seine Zeit. Betrachtungen über den italienischen Faschismus,* Kiel: Ludwig, S. 137.

112 Werner von der Schulenburg wurde am 9. Dezember 1881 in Pinneberg (Hamburg) geboren und starb am 29. März 1958 in der Nähe von Lugano. Schon mit 10 Jahren kam er in ein militärisches Internat. Seine Wissensgier und seine künstlerische Begabung brachten ihn dazu, Rom zu besuchen und Italienisch zu lernen. In Italien wurde er sogar vom Papst Leo XIII. im Vatikan empfangen. Nach der Italienreise widmete sich der junge Werner dem Universitätsstudium. Nach seinem Juraabschluss in Erlangen fing er seine Schriftstellerkarriere an und begann ein zweites Studium. Im Ersten Weltkrieg nahm er an der Schlacht an den Masuren teil. Als Autor verfasste er einen sehr interessanten historischen Roman über seinen Vorfahren, Matthias von der Schulenburg (*Der König von Korfu*), welcher als Oberbefehlshaber für die Republik von Venedig gegen die Osmanen gekämpft hatte. Er verfasste auch sehr schöne Komödien. Nicht begeistert von der Machtergreifung Hitlers 1933, kam er in Kontakt mit Benito Mussolini, mit dem er die deutsche Übersetzung von *Villafranca*, einem Roman Mussolinis, beschloss. Im Jahr 1942 traf er sich im Schloss von Hehlen mit dem deutschen Botschafter in Moskau, Friedrich Werner von der Schulenburg, der auch sein Cousin war, um eine Widerstandszelle gegen Hitler ins Leben zu rufen. Nach dem gescheiterten Attentat auf Hitler gelang ihm trotz der intensiven Suche vonseiten der Gestapo die Flucht. Vgl. Vecchiato, Francesco, 2006. Scheda biografica di Werner von der Schulenburg, in: Vecchiato, Francesco/Gargano, Antonella (Hrsg.): *Matthias e Werner von der Schulenburg. La dimensione europea di due aristocratici tedeschi,* Udine: Del Bianco, S. 375–405. Sein anderer Cousin Fritz-Dietlof von der Schulenburg, Vizekommandant der Berliner Polizei, wurde am 10. August 1944 in Plötzensee hingerichtet. Vgl. Heinemann, Ulrich, 1990. *Ein konservativer Rebell. Fritz-Dietlof Graf von der Schulenburg und der 20. Juli,* Berlin: Siedler und auch Krebs, Albert, 1964. *Fritz-Dietlof Graf von der Schulenburg. Zwischen Staatsraison und Hochverrat,* Hamburg: Leibniz.

113 Vgl. dazu auch Vecchiato, Francesco, 2006. L'antinazismo di Werner von der Schulenburg, in: Vecchiato, Francesco/Gargano, Antonella (Hrsg.): *Matthias e Werner von der Schulenburg. La dimensione europea di due aristocratici tedeschi,* Udine: Del Bianco, S. 303–372, hier S. 344.

114 Interessant ist der Umstand, dass Werner von der Schulenburg ein Manuskript verfasste, *Um Mussolini* betitelt, welches leider nie publiziert wurde.

enthält diese Erzählung einen Wahrheitskern, möglicherweise witterte Mussolini die Möglichkeit, mit dem Tod seines irren Verbündeten den Krieg zu beenden. Oder: Er hoffte, er würde dies für seine eigene Rettung nutzen können, würde er doch nachweisen können, dass er einen möglichen Attentäter protegiert oder das Attentat gedeckt hatte. Dies ist jedoch bloße Spekulation und man darf nicht zum falschen Schluss kommen, in Mussolini einen versteckten Gegner Hitlers zu sehen oder seine Schuld in irgendeiner Form zu relativieren.

Weitere Rätsel ergeben sich bei dem Studium der militärischen Operationen in Finnland. Dieses Land hatte schon 1939 gegen die Sowjetunion gekämpft. Unvergessen bleibt die Meisterleistung der finnischen Führung in dieser Phase, zum Beispiel bei der Schlacht von Tolvajärvi, in der 200 Skifahrersoldaten drei sowjetische Divisionen dank ihrer überlegenen Taktik besiegten. Es ist jedoch nie geklärt worden, warum bestimmte Gebiete während der späteren deutschen Belagerung von Leningrad von der finnischen militärischen Führung nie wirklich abgeriegelt wurden; es sieht fast so aus, als hätte die finnische Regierung absichtlich einen Korridor offengelassen, der sozusagen als Lunge für das belagerte Leningrad fungierte. Dieser Umstand, so wird spekuliert, habe dazu geführt, dass die Sowjetunion nach dem Krieg auf die Einverleibung Finnlands verzichtete. Eindeutige Beweise fehlen, aber es wäre sicherlich interessant, der Frage nachzugehen, was jedoch leider über die Ziele dieser Studie hinausgehen würde.

6 Der Faschismus als historisches Phänomen: Versuch einer Interpretation

Der Faschismus ist ein komplexes Phänomen, welches noch nicht endgültig interpretiert worden ist. Ein Indiz für diese Verlegenheit stellen die hunderten Fachbücher dar, die die historischen, sozialen, wirtschaftlichen und politischen Bedingungen analysieren, welche dieses Phänomen historischen Ausmaßes ermöglichten – und genauso viele Ansätze präsentieren. Beispiele sind die exzellenten Werke von Hannah Arendt (1906–1975) und George Mosse (1918–1999) mit seinem Postulat der Nationalisierung der Massen, Arbeiten, die den Totalitarismus und dessen Wurzeln thematisieren, sie auf bestimmte Charakteristika der Moderne zurückführen und einleuchtende und wegweisende Erklärungen liefern, die wiederum zu weiteren Fragen führen.

Im Allgemeinen verfügen wir über einen recht guten Überblick über die Wurzeln und die Merkmale des Nationalsozialismus und des Faschismus. Zunächst muss festgehalten werden, dass der Nationalsozialismus ganz andere Charakteristika aufweist, so dass ein Vergleich mit der Bewegung von Mussolini immer hinkt bzw. weiterer Erklärungen und Differenzierungen bedarf. Der Nationalsozialismus erhob einen biologischen „Fakt", nämlich das deutsche „Blut" und die Zugehörigkeit zum deutschen Volk, zum inspirierenden Staatsprinzip, zu einer Instanz, die das gesamte politische und soziale Leben des Landes bestimmte. Wer sich Hitler auf politischer oder diplomatischer Ebene annähern wollte, musste diese Tatsache berücksichtigen. Der Rassismus und der Antisemitismus waren keine sekundären Aspekte, sondern wesentliche Bestandteile einer Weltanschauung, die in diesem Maße relativ neu und natürlich kriminell war. Wie Renzo De Felice sagte, wollte der Nationalsozialismus den neuen Menschen schaffen, indem er ihm paradoxerweise den Weg in die Vergangenheit zeigte.[115] Das bedeutet, dass der ideale Mensch der Nazis schon immer existiert hatte und durch die Moderne von sich selbst entfremdet worden war. Es war ein Mensch, der nicht in modernen Städten lebte, ein einfaches Leben auf dem Land führte, von „jüdischen Einflüssen" nicht kontaminiert war und keine demografische Krise kannte. Die De-Urbanisierung, die Idealisierung des Lebens auf dem Land und die Revitalisierung von absurden und inakzeptablen „Werten" wie zum Beispiel die „biologische Zugehörigkeit" waren Merkmale der Bewegung, die jedoch bei genauerem Hinschauen auf den Faschismus nicht übertragbar waren bzw. sind.

Der Faschismus wollte den neuen Italiener, verlangte eine schrittweise Internalisierung der „Werte" der Bewegung und sah den perfekten „Faschisten"

---

115 Vgl. De Felice, Renzo, 1997. *Intervista sul fascismo,* Roma/Bari: Laterza, S. 41 f.

eher als Produkt der Zukunft an. Es handelt sich bei dieser Deutung um einen ersten wichtigen Ansatz. Mussolini wollte eine ganz neue Partei, deren Vergleich mit dem vergangenen politischen Leben Italiens unvorstellbar gewesen wäre. Die liberalen Parteien der Vergangenheit bezweckten bei all den guten Vorsätzen die Entfernung der Bürger aus der Politik, aus dem Zentrum der Macht. Die Politiker hatten für das Volk, das sie gleichzeitig fürchteten, nur Verachtung übrig. Sie betrachteten es allenfalls als Pöbel, hatten mit einer Masse von Analphabeten zu tun, denen jegliche Möglichkeit der Mitgestaltung des politischen Lebens des Landes unmöglich gemacht werden sollte. Die alte Aristokratie des Risorgimento sah sich folglich als wahrer Inhaber der nationalen Werte, der Einheit. Es sei die politische Klasse gewesen, welche die italienische Halbinsel, bestehend aus unbedeutenden Kleinstaaten ohne internationales Gewicht, auf die Bühne der Weltmächte katapultiert und ein kleines partikularistisches Italien in eine Nation ersten Ranges verwandelt habe. Aber, wie gesagt, das sei ihr Verdienst gewesen, der Rest des Landes bestehe aus dem zu führenden Pöbel. Der Faschismus unter Mussolini kehrte diese Ideale komplett um. Dem italienischen Diktator ging es darum, die Italiener in die Politik, in seine Politik miteinzubeziehen, sie zum Teil einer Gemeinschaft zu machen, damit das Volk das entsprechende Bewusstsein seiner „historischen Mission" erfasste. Alle Rituale, auch diejenigen, die heute als absurd und sogar lächerlich erscheinen, hatten das mehr oder weniger explizite Ziel, das Volk politisch zu mobilisieren, es zum Persönlichkeitskult Mussolinis zu erziehen. In der ersten Phase nach der Machtergreifung wurden beispielsweise Beamte und Bürger angewiesen, ihre frühere Wahlbescheinigung vorzulegen (eine Bestätigung, dass man sich an der Politik des Landes beteiligte). Der Faschismus wollte ein politisiertes Volk, das nicht den Eindruck vermittelte, die politischen Entscheidungen der Elite nur über sich ergehen zu lassen, sondern es sollte diese Entscheidungen als seine eigenen empfinden. Mussolini war ein Politiker, der nicht nur Fehler, sondern auch Verbrechen beging, ihm wurden damals aber auch Errungenschaften bescheinigt, die sich natürlich zu propagandistischen Zwecken instrumentalisieren ließen. Als die Sumpfgebiete in der Nähe von Rom trockengelegt wurden und die Stadt Littoria (heute Latina) auf diesem Terrain gegründet wurde, hielt Mussolini eine Rede, in der er darauf hinwies, dass diese „Kriege" genau diejenigen sind, die „wir am liebsten führen". Man beachte die Verwendung des Personalpronomens: Es waren die Kriege und die Siege des Volkes, nicht nur seine, Mussolinis. Er arbeitete mit diesen demagogischen Mitteln.

Es ist heute kaum möglich, sich die Begeisterung vorzustellen, die der Diktator auslöste: Alle wollten so sein wie er, viele versuchten, seine Rhetorik zu imitieren, alle sahen in ihm ein kaum zu erreichendes Vorbild. Obwohl Mussolini ein Autodidakt war, sahen alle in ihm einen extrem belesenen Menschen, ein Ideal, an dem zu orientieren sich lohne (wie „belesen" er tatsächlich war, zeigt sich an folgender Anekdote: Bei einer Rede verwechselte er die griechischen Philosophen Anaximander und Anaxagoras und entschuldigte sich sogar für seine

„Belesenheit"). Mussolini sagte in der Anfangsphase seiner politischen Karriere bzw. seines Aufstieges, dass der Faschismus keine Exportware sei, aber nach ein paar Jahren sah er die „Faschistisierung" Europas als den einzigen Weg gegen den erstarkenden Kommunismus und die „degenerierten" Demokratien.

Mit der Zeit gewöhnten sich die Italiener an ihren Diktator, dieser Konsens ist auf mehrere Gründe zurückzuführen. Der Matteotti-Mord war längst vergessen und auch die Korfu-Krise gehörte inzwischen der Vergangenheit an.[116] Außerdem betrachtete die internationale Presse den italienischen Faschismus als stabile Größe und ihm kamen manchmal sogar besondere Rollen zu, wie zum Beispiel im Rahmen der ideologisch motivierten Intervention im spanischen Bürgerkrieg (1936–1939) oder beim Münchener-Abkommen 1938. Sicher spielte die faschistische Propaganda eine nicht zu unterschätzende Rolle: Die Errungenschaften des Regimes wurden immer wieder betont und genauso obsessiv und aggressiv wurde der Unterschied zu der angeblichen Unfähigkeit der liberalen Regierungen vor Mussolini unterstrichen: Keine Regierung vor dem Aufstieg des Faschismus sei in der Lage gewesen, so hieß es in der Propaganda, die Sumpfgebiete zu entwässern, die Malaria zu beseitigen, die Mafia zu bekämpfen (Mussolini rekrutierte für diese schwierige Aufgabe den *prefetto* Cesare Mori, welcher mit den fragwürdigen Mitteln der Diktatur die Mafia in die Knie zwang, Mafiadörfer wurden belagert und beschossen, schnelle Prozesse endeten mit der Verurteilung der Mafia-Chefs). Nur dem Faschismus sei es gelungen, Italien international wichtig zu machen und seine Ideologie zu exportieren bzw. zu einem „Vorbild" für andere Länder zu verwandeln. Ein Beispiel: Als Nazi-Deutschland von seinen Verbündeten wie Ungarn, die Einführung und die Umsetzung von antisemitischen Maßnahmen verlangte, fragten diese anderen Regierungschefs immer wieder, ob Italien die besagten Maßnahmen auch schon ergriffen hätte.

Ein weiterer Aspekt ist die neue Rolle der Massen. In den industrialisierten und urbanisierten Städten Europas spielte das Phänomen der Masse eine ausschlaggebende Rolle und entsprechend wird heute die Dynamik des Einzelnen in Bezug auf die Masse betont und erforscht. Der Einzelne geht in der Masse auf, es bildet sich ein rational kaum zu überblickendes Verhältnis, bei dem die Menschen ihre Individualität zugunsten der Gemeinschaft abgeben, sie sind Teil eines Ganzen, das zugleich identitätsstiftend ist und den Einzelnen mitreißt. Die Beziehung besteht nicht mehr zwischen Einzelnen, sondern zwischen einem Anführer und der Masse als Block. Ein Demagoge, der wie Hitler und Mussolini in der Lage ist, die Masse zu hypnotisieren und zu elektrisieren, hatte auch die Kontrolle über sie. Die Masse blickt auf den „Führer", blickt zum demagogischen Redner auf und ist bereit, sich mit ihm zu identifizieren, auf die individuellen Rechte zugunsten der Gemeinschaft zu verzichten, sich aufzugeben, sich aufzulösen. Mussolini sprach regelmäßig vor 50.000 oder sogar mehr Personen, die

116 Vgl. De Felice, Renzo, 1996. *Mussolini il Duce. Gli anni del consenso (1929–1936)*, Torino: Einaudi, S. 538 f.

durch seine Persönlichkeit und sein Charisma in seinen Bann gezogen wurden. Dabei war die Gestik bis ins kleinste Detail überdacht. Von Hitler ist bekannt, dass er die Bedeutung der Gestik und die passende Umsetzung dieses Aspektes von Mussolini gelernt hatte. Hitler verbrachte ganze Stunden vor dem Spiegel, um die Wirkung seiner Bewegungen zu studieren und abzuwägen. Die Massen wurden nationalisiert und uniformiert, alle psychologischen Implikationen der Dynamik zwischen dem Demagogen und der Massen wurden benutzt und bei Reden, Veranstaltungen und Ritualen automatisch konkretisiert. Die Masse an sich zementierte die spezielle Beziehung zwischen Mussolini und dem Volk, zwischen dem „Retter der Nation", wie er damals von einigen betrachtet wurde, und den Geretteten.

In seiner faszinierenden soziologischen Studie *Masse und Macht* (1980) unterscheidet Elias Canetti vier Haupteigenschaften der Masse. Der 1981 mit dem Literaturnobelpreis ausgezeichnete Canetti schreibt:

> „*1. Die Masse will immer wachsen.* Ihrem Wachstum sind von Natur aus keine Grenzen gesetzt. Wo solche Grenzen künstlich geschaffen werden, in allen Institutionen also, die zur Bewahrung geschlossener Massen verwendet werden, ist ein Ausbruch der Masse immer möglich und erfolgt auch von Zeit zu Zeit. Einrichtungen, die das Anwachsen der Masse ein für allemal verhindern könnten und die unbedingt sicher sind, gibt es nicht.
> *2. Innerhalb der Masse herrscht Gleichheit.* Sie ist absolut und indiskutabel und wird von der Masse selbst nie in Frage gestellt. Sie ist von so fundamentaler Wichtigkeit, dass man den Zustand der Masse geradezu als einen Zustand absoluter Gleichheit definieren könnte. [...] Um dieser Gleichheit willen wird man zur Masse. [...]
> *3. Die Masse liebt Dichte.* Sie kann nie zu dicht sein. Es soll nichts dazwischenstehen, es soll nichts zwischen sie fallen, es soll möglichst alles sie selber sein. Das Gefühl größter Dichte hat sie im Augenblick der Entladung. [...]
> *4. Die Masse braucht eine Richtung.* Sie ist in Bewegung und bewegt sich auf etwas zu. Die Richtung, die allen Angehörigen gemeinsam ist, stärkt das Gefühl von Gleichheit. [...] Für ihren Bestand ist die Richtung unentbehrlich. Die Furcht vor Zerfall, die immer in ihr rege ist, macht es möglich, sie auf irgendwelche Ziele zu lenken. Die Masse besteht, solange sie ein unerreichtes Ziel hat. [...]"[117]

Wenn man versucht, diese Erkenntnisse auf das Phänomen des Faschismus zu übertragen, stellt man fest, dass alle Kriterien erfüllt sind. „Die Masse will immer wachsen": Dies manifestierte sich unter anderem bei der Verherrlichung *coram publico* von Mussolini und bei der mehr oder weniger expliziten Pflicht, an den Massenversammlungen teilzunehmen. „Innerhalb der Masse herrscht Gleichheit": Dieser Aspekt ist eindeutig ein häufiges Charakteristikum aller diktatorischen Systeme, die auf eine Nivellierung der Menschen aus sind; alle Mitglieder der Masse waren *per definitionem* „Faschisten". „Die Masse liebt Dichte": Auch dieser Faktor ist im Prinzip tautologisch; die Präsenz von manchmal 40.000–50.000 Zuhörern zu Anlass mancher angeblich historisch wichtiger Reden des italienischen Diktators spricht für sich. „Die Masse braucht eine Richtung": In diesem Fall ist die Richtung die faschistische Politik, die gemeinsamen Ziele etc.

---

117 Canetti, Elias, 2020. *Masse und Macht*, 35. Aufl. Frankfurt a. M.: Fischer, S. 30 f.

Es handelt sich um eine eher metaphorische Richtung, welche jedoch in dieser besonderen politischen Konstellation nicht minder konkret ist. Wie sein eigener Bruder Arnaldo (gestorben 1931) einmal sagte, hatte Mussolini in seinem Inneren klare kriminelle Tendenzen, wie diese politische Instrumentalisierung der Massen unter anderem suggeriert. Dass das italienische Volk ihm ohne Weiteres folgte, ist, wie mehrmals erwähnt, dessen große historische Schuld vor der Geschichte.

Hannah Arendt schreibt in ihrer in der vorliegenden Studie mehrmals erwähnten Abhandlung *Die Banalität des Bösen*, dass es nicht nutzlos gewesen sei, zu rebellieren, auch wenn man dafür bestraft wurde. An der zitierten Stelle geht es um einzelne Widerständler. Sie schreibt:

> „Es wäre heute von größtem praktischem Nutzen für Deutschland, nicht nur für sein Prestige im Ausland, sondern für die Widererlangung des inneren Gleichgewichts, wenn es mehr derartige Geschichten zu erzählen gäbe. Denn die Lehre solcher Geschichten ist einfach, ein jeder kann sie verstehen. Sie lautet, politisch gesprochen, dass unter den Bedingungen des Terrors die meisten Leute sich fügen, *einige aber nicht*. So wie die Lehre, die man aus den Ländern im Umkreis der ‚Endlösung' ziehen kann, lautet, dass es in der Tat in den meisten Ländern ‚geschehen konnte', aber dass *es nicht überall geschehen ist*. Menschlich gesprochen ist mehr nicht vonnöten und kann vernünftigerweise nicht mehr verlangt werden, damit dieser Planet ein Ort bleibt, wo Menschen wohnen können".[118]

An dieser Stelle sei auf das leuchtende Beispiel der Geschwister Scholl hingewiesen. Genau diese Erkenntnisse können ohne Weiteres auf Italien übertragen werden.

Außerhalb der Masse zu agieren, bedeutete, nicht mehr an Mussolini glauben, an seiner Botschaft zweifeln. Als der italienische Diktator am 10. Juni 1940 den Krieg gegen England und Frankreich verkündete, jubelten ihm alle begeistert zu. Als er wieder verschwand und die Masse sich auflöste, sagten viele – so der Polizeibericht –, dass Italien den Krieg verlieren würde, dass Mussolini verrückt geworden wäre, dass es doch nicht sein musste. Diese Automatisierung des Ja-Sagens innerhalb der Masse passt in das nachgezeichnete Bild. In der Masse wurde die Verantwortung auf die vorhandene Autorität übertragen, auf die Gemeinschaft. Die Verantwortung des Einzelnen wurde so verwässert, dass viele Mitläufer nach dem steilen Fall des Regimes, der seinem ebenso steilen Aufstieg gefolgt war, mit gutem Gewissen und vollkommen überzeugt von sich behaupten konnten, dass sie Mussolini noch nie gut gefunden hätten, dass sie nur unterdrückt worden wären, dass die Schuldigen woanders zu suchen wären. Das Phänomen der Masse war jedoch zugleich auch eine Schwäche des Regimes. Im Laufe der Zeit wurden diese Massenveranstaltungen zum bloßen Ritual: Je bunter und aufwendiger die Organisation und die Umsetzung waren, desto dünner

---

118 Arendt, Hannah, 2008. *Eichmann in Jerusalem. Ein Bericht von der Banalität des Bösen*, München: Piper, S. 346 f.

wurde der Inhalt. Die Folge war eine progressive und sukzessive Entleerung eines Regimes, das seine „historische Funktion“ bereits erfüllt hatte. Viele spürten, dass der Faschismus schon vor dem Ausbruch des Zweiten Weltkrieges keine Seele mehr hatte, nur bloße Dekoration war.

Viele Faschismus-Forscher unterstreichen als Grund für dessen Aufstieg auch die Bedeutung der Mittelschicht. Es war eine neue Schicht zwischen Proletariat und klassischer Bourgeoisie, eine Schicht, die sich im Aufwind befand und sich als Spätfolge der Industrialisierung als politisch-wirtschaftliches Gewicht etabliert hatte. Der Faschismus versuchte, diese Mittelschicht in den politischen Kreislauf zu integrieren und zum Ziel der Aufmerksamkeit der Entscheidungsträger zu machen. Noch wichtiger ist jedoch die historische Konstellation. Diese ist die primäre Ursache. Der Faschismus als Mussolini-Erfindung ist heute zum Glück definitiv gestorben. Die heutigen (sehr dubiosen) neo-faschistischen Bewegungen haben andere Formen und andere Ziele. Die Begeisterung der Mittelschicht für den Faschismus kann vor allem mit der panischen Angst vor dem Kommunismus erklärt werden. Die Ereignisse in der Sowjetunion führten zu einer Dämonisierung des Bolschewismus, welcher von Hitler zum Beispiel aufgrund seines paranoiden Weltbilds mit dem internationalen Judentum gleichgesetzt wurde. Viele Industrielle hatten nach dem Krieg Angst, dass aufgewühlte Massen die Probleme des Landes nach dem Vorbild der Sowjetunion hätten lösen können. Die Jahre zwischen 1918 und 1920 waren von Streiks, Straßenkämpfen, Bedrohungen von Unternehmern gekennzeichnet. Bewaffnete rote Aktivisten legten eine bemerkenswerte Aggressivität an den Tag. Dass die neugegründete Partei von Mussolini zum Beispiel große Summen aus der Welt der Industrie bekam, ist bekannt. Die damaligen Beobachter sahen im Aufstieg des Faschismus die Möglichkeit eines dritten Weges, der weder Kapitalismus noch Kommunismus war und somit das Land vor der roten Gefahr rettete. Genau das schätzte Winston Churchill an Mussolini, der, und das ist in diesem Kontext von großer Bedeutung, mehrmals behauptete, dass sein Korporativismus der „faschistische Kommunismus“ sei, also ein neuer Weg, eine neue Methode, die Streitigkeiten zwischen Kapital und Arbeitnehmern beizulegen, indem der totalitäre Staat beide in sich aufsaugt und die Gefahr von Streiks ein für allemal behebt. Die Idee des Korporativismus als faschistischer Kommunismus geht in der Sekundärliteratur über Mussolini häufig unter, sie ist jedoch insofern wichtig, als die Welt der Wirtschaft und die internationalen Beobachter eine nie dagewesene Staatsform sahen, die das Privateigentum respektierte, die Probleme des Proletariats zu lösen versuchte und zugleich keine soziale Nivellierung anstrebte. Der totalitaristische Ansatz zur Zeit des Faschismus muss mit Hinblick auf diese Ideologie verstanden werden: Alles muss im Staat sein, nichts kann außerhalb des Staates sein. Das war natürlich eine gefährliche Illusion, aber so verstanden es die meisten Beobachter.

Ein weiterer Aspekt ist der Frust der ehemaligen Soldaten, die nach einem unmenschlichen und entmenschlichenden Krieg mit Psychosen und anderen psychischen Krankheiten und schweren Verletzungen nach Hause kamen. Innerlich zerrüttet, wussten sie, dass die Ideale des Risorgimento vorbei bzw. für diese Situation mitverantwortlich waren. Italien hatte gehofft, endlich als Weltmacht anerkannt zu werden. Aber am Siegertisch in Versailles hatte Rom wenig bekommen. Fiume war Italien nicht zuerkannt worden, so dass sich der aristokratische Dichter Gabriele D'Annunzio dazu entschloss, mit ein paar Tausend „Legionären" die Stadt auf eigene Faust zu besetzen. Die Kolonien im Mittelmeer erwiesen sich nach wie vor als Chimäre. Die liberalen Regierungen hatten den Tod von Millionen Menschen in Kauf genommen, ohne dass der teuer erkaufte Sieg zu einer wahren und dauerhaften politischen oder wirtschaftlichen Verbesserung geführt hätte. Diese jungen Leute hatten in den Schützengräben gelitten und gekämpft, sie waren *Arditi* gewesen (ausgewählte Sturmtruppen, deren Aufgabe es war, besonders gefährliche oder sogar selbstmörderische Operationen, auch jenseits der feindlichen Linien, durchzuführen) und nun waren sie dran: Es war jetzt ihre Aufgabe und ihre Verantwortung, für ein neues Land zu sorgen. Sie hatten sich für das Vaterland geopfert, sie hatten im Schlamm marschiert und konnten dem Feind dank ihrer Tapferkeit Paroli bieten. Das Oberkommando in der Person von Luigi Cadorna betrachtete sie als Roboter, deren einzige Aufgabe es war, Befehle zu befolgen und auf dem Schlachtfeld zu sterben. Als die Caporetto-Katastrophe das Land erschütterte, so dass sich die Truppen zunächst bis zum Tagliamento und dann bis zum Piave zurückziehen mussten, bezeichnete Cadorna die Kämpfenden völlig zu Unrecht als „Feiglinge", die nicht den Mut besaßen, sich dem Feind zu stellen.

Diese ehemaligen Soldaten waren sich nun ihrer Position innerhalb der Gesellschaft bewusst geworden und es gelang ihnen beim besten Willen nicht, sich wieder als Teil der Bourgeoisie zu betrachten. Eine Spätfolge dieses Umstands sehen wir in dem faschistischen Motto „Platz den jungen Leuten". Die jungen Leute waren die neue Elite des Landes. Nicht die alten intrigierenden Politiker, die nur geheime Abkommen mit anderen europäischen Mächten abschließen konnten, sondern die aggressive, kampferprobte und fähige Jugend war nun an der Reihe. Sie spürte ihre historische Gelegenheit, nahm ihre Mission mit Begeisterung und ernstem Eifer wahr und verdrängte die Vertreter der alten Politikerclique an den Rand (wie zum Beispiel Giovanni Giolitti). Mussolini selber war sehr jung, so wie seine Mitkämpfer – wie Italo Balbo, Giuseppe Bottai oder sein späterer Schwiegersohn Galeazzo Ciano. Auch nach Mussolinis Machtergreifung schenkte dieser den jungen Leuten viel Aufmerksamkeit: Im Gegensatz zum Nationalsozialismus wollte er, dass die jungen Generationen diskutierten, sich mit dem Regime auseinandersetzten, alles in Frage stellten. Symptomatisch in diesem Sinne war die Polemik gegen die katholischen Jugendverbände, die die Jugend ebenfalls für sich beanspruchten.

Beim Ausbruch des Kriegs stellt man jedoch eine Relativierung dieses Prinzips fest. Nun war es nach der Meinung Mussolinis notwendig, zu kämpfen und zu agieren, nicht mehr zu diskutieren, aber gerade dies wurde zum großen Problem, in dem Sinne, dass die Seele des Regimes, wie oben angedeutet, langsam leer wurde, dass alles, was den Faschismus ausgemacht hatte, zum Opfer einer langsamen und inhaltlosen Ritualisierung wurde. Viele ältere Leute behaupten heute, dass der „einzige“ Fehler Mussolinis seine Entscheidung war, auf eine Allianz mit einem wie Hitler einzugehen. Das ist insofern nicht korrekt, als der Krieg als natürliche Mündung aller Vorbereitungen und Bemühungen des Regimes betrachtet werden muss. Das Schicksal des Landes musste nach der Meinung der faschistischen Elite von den Italienern selbst in die Hand genommen werden. Nach all den Jahren der Kriegspropaganda konnte das Italien von Mussolini nicht vor dem Krieg zurückschrecken, dies hätte die Glaubwürdigkeit des faschistischen Diktators in Frage gestellt. Das soll nicht heißen, dass die Allianz mit Nazi-Deutschland ein Muss war, im Gegenteil. Mussolini hatte damit geliebäugelt, auf die Angebote von Churchill einzugehen, treu seiner Handlungsmaxime des absoluten Pragmatismus in politischen Fragen. Aber der Äthiopien-Krieg (1935–1936) verhärtete die Fronten mehr, als es den Akteuren lieb war (Churchill war zum Beispiel entschieden gegen die wirtschaftlichen Sanktionen gegen Italien, weil er genau wusste, dass diese Mussolini in die Arme Hitlers treiben würden und dass der italienische Regierungschef die einzige Person sei, die Hitler irgendwie in Zaum halten konnte -, übrigens eine Idee, die sich als völlig falsch erwies). Aufschlussreich ist beispielsweise eine Rede, die Mussolini 1939 seinen Generälen vortrug und in der er betonte, dass, während die östlichen und die westlichen Grenzen unproblematisch seien, die nördliche noch nicht wirklich sicher sei, eine klare Anspielung auf Nazi-Deutschland und auf die Gefahr, die von diesem ausging. Der Zweite Weltkrieg, behaupten einige Forscher, zum Beispiel Renzo De Felice, sei erst in dessen Verlauf zu einem ideologischen Krieg geworden, bis zum Angriff auf die Sowjetunion seien mehrere Allianzen und Kombinationen möglich gewesen. Erwähnenswert in diesem Zusammenhang ist, dass die westlichen Machthaber während des sogenannten *drôle de guerre* ernsthaft über die Möglichkeit nachdachten, zusammen mit Hitler gegen die Sowjetunion zu marschieren, wie auch aus einigen überlieferten Aussagen von Charles de Gaulle zu entnehmen ist, ein Umstand, der den Krieg wirklich zu einem ideologischen gemacht hätte.

Der Krieg war also im faschistischen Weltbild wesentlich. Als 1938 das Münchener-Abkommen unterzeichnet wurde, mit dem das Sudetenland an Deutschland abgetreten wurde, wurde Mussolini, der das Treffen organisiert und sich zum Schiedsrichter unter den Nationen hochstilisiert hatte, bejubelt und gefeiert, weil der den wertvollen Frieden gerettet hatte. Er selbst war darüber nicht erfreut und fing an, seine langjährige Leistung in Frage zu stellen.

All diese Aspekte trugen zum Aufstieg des Faschismus bei. Man beachte, dass diese Teilfaktoren dabei helfen, das Phänomen Faschismus zu verstehen, ohne jedoch, dass deren Behandlung Anspruch auf Vollständigkeit erhebt. An dieser Stelle soll hervorgehoben werden, dass die Bewegung *de facto* mit der Person

Mussolinis identisch war: Viele fragten sich schon damals, was nach dem Tod seines Gründers passieren würde. Mussolini war also der Katalysator; die Institutionalisierung und die Konsolidierung des Regimes erfolgten dank ihm und durch ihn und die Planung für eine zweite Phase war nicht einmal im Ansatz konkret geworden. Dies bestätigt unsere bisherigen Annahmen, denn alle mussten sich mit dem Diktator und seiner Politik identifizieren. Zwar sahen viele Roberto Farinacci als „natürlichen" Nachfolger Mussolinis, jedoch galt dies primär für die Krisen, die der Faschismus durchlebte, zum Beispiel im Zusammenhang mit dem Mord am sozialistischen Abgeordneten Giacomo Matteotti. Auch als Mussolini am 25. Juli 1943 gestürzt wurde, blickten viele in Richtung Farinacci (seine Anhänger sangen dazu „Vogliamo la Repubblica / anche fatta di stracci / purché sie governata / da Roberto Farinacci", Übersetzung: „Wir wollen unsere Republik und sie sei eine Lumpenrepublik, aber sie soll von Roberto Farinacci regiert werden"), der sich sogar den Nazis als neuer „Duce" anbot, ohne dass sie dies ernsthaft in Erwägung zogen. Weitere Gründe historischer Natur wurden von uns an anderer Stelle schon gezeigt.[119]

Der Nationalsozialismus und der italienische Faschismus haben Europa und die ganze Welt in einen Abgrund des Todes und der Vernichtung gestürzt. Jedes autokratische bzw. diktatorische Regime, das die Freiheiten des Einzelnen abschafft, ist eindeutig zu verurteilen und zu verdammen. Ideal ist ein demokratischer Staat, in dem eine klare Übereinstimmung zwischen den Prinzipien der Naturrechtslehre und den positiven Gesetzen vorliegt, wie zum Beispiel im deutschen Grundgesetz (mit seinen in historischer Perspektive wegweisenden Prinzipien der streitbaren Demokratie und der Ewigkeitsgarantie für die Menschenwürde), welches für viele Staaten auf der Welt ein Vorbild sein sollte. Die Demokratie muss, beispielsweise an Schulen, erlernt und gelebt werden; auch diesbezüglich ist der deutsche Staat vorbildlich und entschlossen.

Die vorliegende Studie bemüht sich also um historische Objektivität und eine präzise Analyse der Ereignisse, der Motive und der Gründe und will jedoch zugleich ein Plädoyer, ja eine Streitschrift für den Pazifismus und die Staatsform der Demokratie sein.

---

119 Vgl. Mattarucco, Tomaso, 2016. *Mussolini und seine Zeit. Betrachtungen über den italienischen Faschismus*, Kiel: Ludwig, S. 73–82

Anhang I: Wichtige Persönlichkeiten

Roberto Farinacci

Roberto Farinacci (1892–1945) wurde in Isernia geboren, sein Vater war Polizeikommissar. In seiner Jugend war er, genau wie Benito Mussolini, Sozialist und Antiklerikaler und wollte aus nationalistischem Eifer unbedingt als Soldat am Ersten Weltkrieg teilnehmen. Da er jedoch Bahnangestellter war, wurde er nicht eingezogen, weil seine Arbeit im Zivilleben von großer Bedeutung war. Seinen späteren Gegnern bot er eine Zielscheibe, weil er lebenslang eine allenfalls mittelmäßige Beherrschung des Italienischen an den Tag legte. Seine Reden haben in der Tat immer eine sehr wackelige Syntax. Dennoch erwarb er nach dem Krieg einen Universitätsabschluss in Jura und arbeitete später als Anwalt. Im Jahr 1921 wurde er zum Abgeordneten gewählt. Als überzeugter *squadrista* führte er mehrere Strafexpeditionen gegen politische Gegner und Andersdenkende an. Er gründete die Zeitung *Cremona nuova* (später umgetauft in *Regima fascista*) und plädierte ununterbrochen für eine weitere Radikalisierung des Faschismus und einen schnellen Abbau der demokratischen Institutionen.

Mussolini und Farinacci hatten oft Meinungsverschiedenheiten, doch wurde Farinacci zum Mitglied des faschistischen Großrates ernannt, wobei Mussolini eindeutig versuchte, ihn zu kontrollieren und vom Zentrum der Macht fernzuhalten: Farinacci war der wahre Chef des extremistischen Flügels der Partei, während Mussolini auf eine Normalisierung und Stabilisierung der Situation erpicht war. Er verteidigte Amerigo Dumini vor Gericht nach dem Matteotti-Mord und der Haupttäter wurde zu einer lächerlichen Strafe von sechs Jahren verurteilt. 1935/36 nahm er mit großer Begeisterung am Äthiopien-Feldzug teil, aber da es in der Anfangsphase kaum zu Kampfhandlungen kam, konnte er sich als Kämpfer nicht wirklich profilieren. Er verlor eine Hand, indem er mit Handgranaten am Tana-See „fischte". Nach dem 25. Juli 1943 wollte er Diktator werden, die Rolle Mussolinis übernehmen, was jedoch von Hitler kategorisch abgelehnt wurde. Am Ende des Krieges wurde er von Partisanen verhaftet, als er versuchte, in Richtung Veltlin zu gelangen, um eine neue, letzte Front gegen die Feinde des Faschismus zu errichten. Er wurde am 28. April 1945 in Vimarcate von Partisanen erschossen.

Amerigo Dumini

Amerigo Dumini (1894–1967) kämpfte im Ersten Weltkrieg als *Ardito*. Nach dem Krieg war er ununterbrochen in faschistischen Strafexpeditionen und Entführungen involviert. In Jugoslawien handelte er sogar mit Waffen. Auf seine kriminelle Karriere war er sogar besonders stolz und pflegte sich wie folgt vorzustellen: „Amerigo Dumini, 13 Morde". Er wurde Mitglied der faschistischen Polizei *Ceka* und führte das Kommando an, das am 10. Juni 1924 den sozialistischen Abgeordneten Giacomo Matteotti ermordete. Einige Wochen später wurde er verhaftet, dann jedoch zu einer milden Strafe verurteilt. Er wurde 1928 nach Somalia und dann Cyrenaika geschickt. Wieder verhaftet und von Mussolini begnadigt, erpresste er diesen damit, dass er texanischen Notaren ein Manuskript mit der ganzen Wahrheit über den Matteotti-Mord anvertraut hätte. So bekam er von Mussolini eine Pension.

Während des Kriegs ging Dumini nach Nordafrika und wurde von amerikanischen Truppen gefangen genommen und zum Tode verurteilt. Er zeigte sich vor dem Exekutionskommando unerschrocken; 17 Schüsse wurden auf ihn abgegeben und er ging zu Boden. In seiner Autobiografie erzählt er, wie er um sich Stimmen auf Englisch gehört habe. Die amerikanischen Soldaten merkten jedoch nicht, dass Dumini nicht gestorben war. Er war schwer verletzt, sein Arm schmerzte sehr intensiv, aber er hatte seine eigene Hinrichtung überlebt. Später erzählte er seine Geschichte im Buch *17 Schüsse*. Er wurde während der Salò-Republik zunächst Dolmetscher für die Amerikaner, 1945 in Piacenza wurde er dann erneut festgenommen. Nach dem Krieg wurde aufgrund seiner Rolle beim Mord an Matteotti gegen ihn wieder prozessiert. Er wurde 1956 endgültig begnadigt und starb im Jahr 1967.

Pietro Badoglio

Pietro Badoglio (1871–1956) ist eine der umstrittensten Figuren der italienischen Geschichte. Während des Ersten Weltkrieges war er Mitglied des Oberkommandos der 2. Armee. 1916 zum Colonel befördert, wurde er Oberbefehlshaber der 6. Armee. Im Oktober 1917, im Zusammenhang mit der Niederlage von Caporetto (heute Kobarid), machte die Presse ihn für die vielen strategischen Fehler mitverantwortlich, die im Vorfeld und beim Rückzug der Truppen begangen worden waren. Er blieb jedoch unbestraft. Am 18. Dezember 1928 wurde er von der faschistischen Regierung zum Gouverneur von Tripolitanien und Cyrenaika ernannt und im Juni 1930 erließ er den kriminellen Befehl zur Deportation der Zivilbevölkerung des Cyrenaika-Gebietes, die im Anschluss daran in mehrere Konzentrationslager verschleppt wurde. Im Jahr 1935 überfielen die italienischen Truppen Äthiopien; das Kommando hatte Emilio De Bono inne, welcher jedoch nach wenigen Monaten durch Badoglio ersetzt wurde, da Mussolini der Ansicht war, dass die militärischen Erfolge viel zu langsam voranschritten. Badoglio gewann mehrere strategische Schlachten und erreichte die äthiopische Hauptstadt Addis Abeba am 5. Mai 1936, ein Datum, das somit das Ende des Äthiopien-Feldzuges markiert.

Während des Zweiten Weltkrieges fungierte er unter anderem als militärischer Berater Mussolinis. Als dieser am 25. Juli 1943 gestürzt wurde, wurde Badoglio vom König mit der Bildung der neuen Regierung beauftragt. Er erließ zunächst ein Edikt, welches die Bevölkerung über die weitere Geltung der Allianz mit Hitlers Deutschland informierte, und er verbot Streiks und Demonstrationen. Gleichzeitig intrigierte er, um mit den Anglo-Amerikanern zu einem Waffenstillstand zu kommen. Dieser wurde zur Wut der Deutschen am 8. September 1943 verkündet. Nach dem Zweiten Weltkrieg wurde er wegen Kriegsverbrechen angeklagt. Er habe im Äthiopienkrieg Giftgas gegen die Zivilbevölkerung und die feindlichen Soldaten verwendet, und zwar auf expliziten Befehl Mussolinis. Er habe außerdem ein Krankenhaus des Rotes Kreuzes bombardieren lassen. Die Wahrheit dieser Vorwürfe ist wohl dokumentiert, zu einer Verurteilung kam es jedoch nicht. Badoglio starb im Jahr 1956.

Giovanni Gentile

Giovanni Gentile (1875–1944) wurde am 29. Mai 1875 in Castelvetrano bei Trapani (Sizilien) geboren. Nach dem Abschluss seines Studiums der Philosophie an der Eliteuniversität in Pisa war er zunächst Gymnasiallehrer für die Fächer Latein, Griechisch und Philosophie. Er beschäftigte sich schon sehr früh mit den Werken von Betrando Spaventa, Rosmini, Gioberti und vor allem Hegel. Von diesem übernahm er die Auffassung des Staates als sittliche Instanz für das Individuum und für die Gesellschaft. Seine Philosophie geht von kantischen Annahmen aus und hat die Absicht, in einem rationalen Gedankensystem den Neoidealismus zu perfektionieren. Im Jahr 1922 wurde er unter Mussolini Bildungsminister und reformierte die Schule (die letzte Schulreform war 1877 unter Coppino erfolgt). Als Verfechter der Suprematie des Staates erklärte sich Gentile gegen das Konkordat mit der katholischen Kirche aus dem Jahre 1929 und kritisierte die christlichen Privatschulen, die sich der Kontrolle des Staates entzogen. Seine Abneigung gegenüber der katholischen Kirche kulminierte in der Entscheidung des Papstes, seine Werke auf den Index der verbotenen Bücher zu setzen. Gentile war auch Enzyklopädist und leitete entsprechende Projekte.

Sein aktualer Idealismus wurde auch damals kritisiert, jedoch sind seine Werke heute immer noch sehr gute Beispiele der philosophischen Rationalisierung des Neo-Hegelianismus und der Versuche der populärwissenschaftlichen Verbreitung.

Nach dem 25. Juli 1943 und der Gründung der Republik von Salò wurde er am 1. Dezember zur *Accademia d'Italia* berufen und erneuerte somit seine Treue zu seinem „Duce" Benito Mussolini. Am 15. April 1944 näherten sich ihm zwei junge Menschen an, Antonio Ignesti und Bruno Fanciullacci, die mehrere Bücher bei sich trugen und sich als Studenten ausgaben, und erschossen ihn. Die Täter waren kommunistisch orientierte Partisanen.

Wichtige Werke Gentiles sind: *La riforma della dialettica hegeliana* (1913), *Teoria generale dello spirito come atto puro* (1916), *Introduzione alla filosofia* (1933). Er beschäftigte sich auch mit pädagogischen Themen und widmete sich unter anderem dem Studium des italienischen Philosophen Giambattista Vico. Seine Ermordung wurde von den meisten Vertretern der italienischen Kulturwelt kritisiert, unter anderem mit dem Hinweis, dass Gentile, wenn er den Krieg überlebt hätte, entscheidend zum Faschismus-Verständnis beigetragen hätte.

Engelbert Dollfuss

Engelbert Dollfuss (1892–1934) war seit 1932 österreichischer Kanzler und führte eine autoritäre Regierung ein. Um die expansionistische Ziele Hitlers zu konterkarieren, schmiedete er mehrere Allianzen mit Ungarn, Großbritannien und Italien. Dollfuss war ein persönlicher Freund von Mussolini, dessen Politik er zutiefst bewunderte. Als sich Hitler und Mussolini im Juni 1934 in Venedig trafen, unterhielten sie sich auch über einen eventuellen Anschluss Österreichs an Nazi-Deutschland, wobei Mussolini in dieser ersten Phase kategorisch dagegen war und den Westmächten entsprechende Garantien gegeben hatte. Im Juli 1934 erfolgte ein nationalsozialistischer Putsch in Österreich, von einem gewissen Otto Planetta angeführt: Der Putsch scheiterte, jedoch wurde Dollfuss von einer Pistolenkugel am Hals getroffen und verblutete langsam. Kurz vor seinem Tod flehte er Gott an, den Tätern zu verzeihen. Als Reaktion auf diesen Putsch befahl Mussolini, mehrere Panzerdivisionen an die Brennergrenze zu versetzen. Mussolini war derjenige, der die Ehefrau von Dollfuss, Edvige, die sich im Urlaub an der Adriaküste befand, über den Tod ihres Ehegatten informieren musste.

Aufgrund der wirtschaftlichen Sanktionen gegen Italien während des Äthiopien-Feldzuges näherte sich Mussolini Hitler an, welcher jedoch im Hinblick auf einen zweiten Putschversuch Interesse daran hatte, Italien zu schwächen, sodass er dem äthiopischen König Haile Selassie Geld und Waffen zukommen ließ.

Kurt von Schuschnigg

Kurt von Schuschnigg (1897–1977) war der Nachfolger von Engelbert Dollfuss. Überzeugter Gegner Hitlers und der Ideologie des Anschlusses war er stets auf der Suche nach mächtigen Verbündeten, die den deutschen Diktator stoppen könnten. Seine Politik war christlich-sozial geprägt, in Übereinstimmung mit den jahrhundertlangen Werten des Landes. Am 12. Februar 1938 wurde er von Hitler nach Berchtesgaden einbestellt, welcher ihn mit der Notwendigkeit konfrontierte, pronationalsozialistische Politiker in sein Kabinett einzugliedern. Am 9. März kündigte Schuschnigg als Reaktion auf dieses Diktat ein Plebiszit über die Unabhängigkeit des Landes an, jedoch musste er am 11. März auf Druck eines wutentbrannten Hitlers hin seinen Rücktritt einreichen. Nach dem Anschluss an Nazi-Deutschland wurde er nach Dachau deportiert und als „Sonderhäftling des Führers" bezeichnet. 1945 befreiten ihn die amerikanischen Truppen. Drei Jahre später emigrierte Schuschnigg in die USA, wo er an amerikanischen Universitäten als Jurisprudenz-Dozent lehrte. Er kehrte 1967 jedoch nach Österreich zurück. 1969 erschien seine interessante und sehr aufschlussreiche Autobiografie *Im Kampf gegen Hitler. Die Überwindung der Anschlussidee*, in der er eine auch individuelle Verarbeitung der Geschehnisse versuchte.

Otto Skorzeny

Otto Skorzeny (1908–1975) war ein österreichischer SS-Obersturmbannführer und Liebling von Adolf Hitler, der ihm blind vertraute. In seiner Jugend war er als Automechaniker tätig und nahm 1938 am Österreich-Anschluss teil. Als überzeugter Nationalsozialist machte er bei der Judenverfolgung mit und leistete einen entscheidenden Beitrag bei der Zerstörung einer Synagoge in Wien. Im Zweiten Weltkrieg meldete er sich als freiwilliger Soldat bei der Waffen-SS und er nahm am Unternehmen *Eiche*, der Befreiung Mussolinis, teil. Er rief dann seinen Führer an und meldete ihm: „Mein Führer, der Duce ist frei. Ich habe ihn befreit", er wurde *stante pede* zum Major befördert und erhielt sogar unverdienterweise das Eiserne Kreuz.

Mit dem Unternehmen *Panzerfaust* putschte er mit der SS in Ungarn gegen Horthy, da dieser angesichts der drohenden Niederlage der Achsenmächte aus dem Krieg austreten wollte. Skorzeny wurde auch an anderen Fronten eingesetzt und zeichnete sich durch ein irrationales und blindes Vertrauen in Hitler aus. Am Ende des Zweiten Weltkrieges wurde er von amerikanischen Soldaten gefangengenommen und nach Dachau gebracht, wo er auf seinen Prozess warten musste. Während des Prozesses wurde er mehrerer Kriegsverbrechen beschuldigt und sogar als „gefährlichster Mann" Europas bezeichnet. Nachdem er den deutschen Behörden übergeben worden war, gelang ihm jedoch die Flucht und er setzte sich nach Spanien ab, welches damals unter Francisco Franco einen relativ sicheren Zufluchtsort für ehemalige Kriegsverbrecher bot. Dort traf er häufig Journalisten, denen er maßlos übertreibend seine Kriegsgeschichten erzählte und sich dabei gewissenlos profilierte. Otto Skorzeny war ein Kettenraucher, der an Lungenkrebs erkrankte und 1975 in Madrid starb.

Albert Kesselring

Albert Kesselring (1885–1960) schloss 1910 seine Ausbildung als Artillerist ab und nahm ab 1914 am Ersten Weltkrieg teil. In diesen Jahren freundete er sich mit Hermann Göring an und wurde nach dem Krieg als Ausbildungsoffizier eingesetzt. Während des Polen-Feldzuges 1939 unterstützte Kesselring mit seinen Luftwaffe-Soldaten die Infanteristen des Generals Fedor von Bock. Er half auch bei der Umsetzung der Luftangriffspläne der Generalität während Operation *Seelöwe* und ließ die nordenglische Industriestadt Coventry bombardieren (die Luftangriffe waren so verheerend, dass der Begriff „coventrieren" bzw. „coventrisieren" etabliert wurde).

Im Jahr 1944 wurde er nach Italien geschickt, wo er den Küstenschutz im Hinblick auf eine mögliche Invasion der Anglo-Amerikaner verstärkte. Als militärischer Oberbefehlshaber in ganz Italien wurde Kesselring mit dem sich verschärfenden Problem des Partisanenkrieges konfrontiert und er erließ einen Befehl, nach dem die Soldaten straffrei bleiben konnten, sollten sie im Kampf gegen die Partisanenverbände auch die Zivilbevölkerung treffen. Ohne Zweifel war Kesselring an mehreren Verbrechen gegen die Menschlichkeit beteiligt (in Civitella, Bucine, Padule di Fucecchio, Sant'Anna di Stazzema und Marzabotto). Er leistete den Alliierten bis zum 2. Mai 1945, an dem er sich in Saalfelden (Österreich) ergab, Widerstand. Er wurde 1947 wegen Kriegsverbrechen zum Tode verurteilt, aber das Urteil wurde später in lebenslange Haft umgewandelt. Im Jahr 1952 wurde er jedoch aus gesundheitlichen Gründen freigelassen und beriet die Regierung von Konrad Adenauer. Kesselring war ein fähiger Kommandant, der von Adolf Hitler sehr geschätzt wurde (Hitler nannte ihn „den optimistischen Albert"), jedoch kein Verständnis für menschliche bzw. moralische Fragen hatte.

Anhang II: Zentrale Dokumente

Manifesto degli scienziati razzisti, 5. August 1938

1 *Le razze umane esistono.*

La esistenza delle razze umane non è già una astrazione del nostro spirito, ma corrisponde a una realtà fenomenica, materiale, percepibile con i nostri sensi. Questa realtà è rappresentata da masse, quasi sempre imponenti di milioni di uomini simili per caratteri fisici e psicologici che furono ereditati e che continuano ad ereditarsi.

Dire che esistono le razze umane non vuol dire a priori che esistono razze umane superiori o inferiori, ma soltanto che esistono razze umane differenti.

2 *Esistono grandi razze e piccole razze.*

Non bisogna soltanto ammettere che esistano i gruppi sistematici maggiori, che comunemente sono chiamati razze e che sono individualizzati solo da alcuni caratteri, ma bisogna anche ammettere che esistano gruppi sistematici minori (come per es. i nordici, i mediterranei, i dinarici, ecc.) individualizzati da un maggior numero di caratteri comuni. Questi gruppi costituiscono dal punto di vista biologico le vere razze, la esistenza delle quali è una verità evidente.

3 *Il concetto di razza è concetto puramente biologico.*

Esso quindi è basato su altre considerazioni che non i concetti di popolo e di nazione, fondati essenzialmente su considerazioni storiche, linguistiche, religiose. Però alla base delle differenze di popolo e di nazione stanno delle differenze di razza. Se gli Italiani sono differenti dai Francesi, dai Tedeschi, dai Turchi, dai Greci, ecc., non è solo perché essi hanno una lingua diversa e una storia diversa, ma perché la costituzione razziale di questi popoli è diversa. Sono state proporzioni diverse di razze differenti, che da tempo molto antico costituiscono i diversi popoli, sia che una razza abbia il dominio assoluto sulle altre, sia che tutte risultino fuse armonicamente, sia, infine, che persistano ancora inassimilate una alle altre le diverse razze.

4 *La popolazione dell'Italia attuale è nella maggioranza di origine ariana e la sua civiltà ariana.*

Questa popolazione a civiltà ariana abita da diversi millenni la nostra penisola; ben poco è rimasto della civiltà delle genti preariane. L'origine degli Italiani attuali parte essenzialmente da elementi di quelle stesse razze che costituiscono e costituirono il tessuto perennemente vivo dell'Europa.

5 *È una leggenda l'apporto di masse ingenti di uomini in tempi storici.*

Dopo l'invasione dei Longobardi non ci sono stati in Italia altri notevoli movimenti di popoli capaci di influenzare la fisionomia razziale della nazione. Da ciò deriva che, mentre per altre nazioni europee la composizione razziale è variata notevolmente in tempi anche moderni, per l'Italia, nelle sue grandi linee, la composizione razziale di oggi è la stessa di quella che era mille anni fa: i quarantaquattro milioni d'Italiani di oggi rimontano quindi nella assoluta maggioranza a famiglie che abitano l'Italia da almeno un millennio.

6 *Esiste ormai una pura „razza italiana".*

Questo enunciato non è basato sulla confusione del concetto biologico di razza con il concetto storico-linguistico di popolo e di nazione ma sulla purissima parentela di sangue che unisce gli Italiani di oggi alle generazioni che da millenni popolano l'Italia. Questa antica purezza di sangue è il più grande titolo di nobiltà della Nazione italiana.

7 *È tempo che gli Italiani si proclamino francamente razzisti.*

Tutta l'opera che finora ha fatto il Regime in Italia è in fondo del razzismo. Frequentissimo è stato sempre nei discorsi del Capo il richiamo ai concetti di razza. La questione del razzismo in Italia deve essere trattata da un punto di vista puramente biologico, senza intenzioni filosofiche o religiose. La concezione del razzismo in Italia deve essere essenzialmente italiana e l'indirizzo ariano-nordico. Questo non vuole dire però introdurre in Italia le teorie del razzismo tedesco come sono o affermare che gli Italiani e gli Scandinavi sono la stessa cosa. Ma vuole soltanto additare agli Italiani un modello fisico e soprattutto psicologico di razza umana che per i suoi caratteri puramente europei si stacca completamente da tutte le razze extra-europee, questo vuol dire elevare l'Italiano ad un ideale di superiore coscienza di se stesso e di maggiore responsabilità.

8 *È necessario fare una netta distinzione fra i Mediterranei d'Europa (Occidentali) da una parte gli Orientali e gli Africani dall'altra.*

Sono perciò da considerarsi pericolose le teorie che sostengono l'origine africana di alcuni popoli europei e comprendono in una comune razza mediterranea anche le popolazioni semitiche e camitiche stabilendo relazioni e simpatie ideologiche assolutamente inammissibili.

9 *Gli ebrei non appartengono alla razza italiana.*

Dei semiti che nel corso dei secoli sono approdati sul sacro suolo della nostra Patria nulla in generale è rimasto. Anche l'occupazione araba della Sicilia nulla ha lasciato all'infuori del ricordo di qualche nome; e del resto il processo di assimilazione fu sempre rapidissimo in Italia. Gli ebrei rappresentano l'unica popolazione che non si è mai assimilata in Italia perché essa è costituita da elementi razziali non europei, diversi in modo assoluto dagli elementi che hanno dato origine agli Italiani.

10 *I caratteri fisici e psicologici puramente europei degli Italiani non devono essere alterati in nessun modo.*

L'unione è ammissibile solo nell'ambito delle razze europee, nel quale caso non si deve parlare di vero e proprio ibridismo, dato che queste razze appartengono ad un ceppo comune e differiscono solo per alcuni caratteri, mentre sono uguali per moltissimi altri. Il carattere puramente europeo degli Italiani viene alterato dall'incrocio con qualsiasi razza extra-europea e portatrice di una civiltà diversa dalla millenaria civiltà degli ariani.

Text: https://it.wikisource.org/wiki/Razzismo_italiano,_manifesto_della_razza_pubblicato_su_La_difesa_della_razza_del_5_agosto_1938 [Zugriff: 18.10.2021].

Rede Mussolinis als Kriegserklärung an Griechenland 1940

Camerati!

voi comprendete che non a caso ho scelto questa giornata per convocare a Roma le gerarchie provinciali del Partito. È una giornata di vittoria per l'Italia Fascista, di disfatta per la coalizione societaria dei 52 stati assedianti.

Il 18 novembre del 1935 appare come una data decisiva nella storia d'Europa. È l'ultimo tentativo d'assalto in grande stile sferrato dal vecchio mondo, rappresentato nei suoi egoismi feroci e nelle sue ideologie superate dalla Società delle Nazioni, contro le nuove forze europee giovani e rivoluzionarie rappresentate dall'Italia e dalla Germania. Da quel giorno ha inizio la separazione, l'antitesi, la lotta che doveva, dopo i compromessi di Monaco accettati dalle democrazie al solo scopo di guadagnare tempo, sboccare nella guerra dichiarata dalla Francia e dalla Gran Bretagna contro la Germania.

Non bisogna mai dimenticare che l'iniziativa della guerra è partita da Londra, seguita con un intervallo di poche ore da Parigi.

Dal 10 giugno ad oggi sono passati oltre 5 mesi di guerra seriamente guerreggiata su fronti lontani e multipli per terra, per mare, nel cielo in Europa e in Africa. Io rivolgo un saluto pieno di ammirazione agli Italiani che hanno in questo momento il privilegio di impugnare le armi. L'Esercito sul fronte alpino e su quello africano ha dimostrato che la sua tempra è quale noi volevamo.

La disfatta degli inglesi nella Somalia britannica è stata totale. Come a Dunquerque così a Berbera gli inglesi sono fuggiti e si sono vendicati rimproverandoci di aver commesso battendoli un irreparabile errore strategico. Le Forze Armate dell'Impero africano, Impero che nelle previsioni nemiche doveva saltare, hanno preso dovunque l'iniziativa e i tentativi inglesi di sobillazione all'interno sono pietosamente falliti.

Anche nella Libia siamo stati noi ad attaccare e la fulminea occupazione di Sidi El Barrani dev'essere considerata non una conclusione ma una premessa. Gli ufficiali e gli equipaggi della Marina compiono silenziosamente e spesso eroicamente il loro dovere sui molti mari ed oceani, dall'Indiano all'Atlantico, dove sono impegnati. Essi obbediscono a una severa consegna e duri colpi sono stati inflitti alla marina nemica. È la Marina che tutela le nostre linee di comunicazione mediterranee ed adriatiche in modo così efficace che la marina nemica non è riuscita ad interromperle e nemmeno a disturbarle.

L'Aviazione italiana è sempre e più di sempre all'altezza del suo compito. Essa ha dominato e domina i cieli, i suoi bombardieri attingono alle mete più lontane, i suoi cacciatori rendono la vita più dura alla caccia nemica. Gli uomini sono veramente quelli del nostro tempo. La loro caratteristica è una calma intrepidità.

Quanto alle macchine ne escono al mese dalle nostre officine 4 volte più che prima della guerra. Tra poco, con la costruzione in massa dei nuovi tipi, saremo forse all'avanguardia, certamente alla pari, con le macchine più moderne degli altri paesi.

Dopo un lungo pazientare abbiamo strappato la maschera ad un paese garantito dalla Gran Bretagna, un subdolo nemico: la Grecia. È un conto che attendeva di essere saldato. C'è qualcuno fra di voi Camerati che ricorda l'inedito discorso di Eboli pronunciato nel luglio del 1935 prima della guerra etiopica? Dissi che avremmo spezzato le reni al Negus. Ora, con la stessa certezza assoluta, ripeto assoluta, vi dico che spezzeremo le reni alla Grecia!

Fra Germanici e Italiani siamo un blocco di 150 milioni di uomini, risoluti e compatti e piantati dalla Norvegia alla Libia nel cuore dell'Europa. Questo blocco ha già nel pugno la vittoria.

Text: https://it.wikisource.org/wiki/Italia_-_18_novembre_1940,_Annuncio_della_dichiarazione_di_guerra_alla_Grecia [Zugriff: 18.10.2021].

Manifest von Verona, 14. November 1943

Nell'enunciare il proprio programma di azione il P. F. R. Saluta in voi, DUCE, l'uomo che può trarre a salvezza la Patria, realizzando per la seconda volta il Fascio delle energie italiane.

Nell'ardua liberazione vostra noi vedemmo l'auspicio provvidenziale di quella che sarà la liberazione dell'Italia. Nel vostro pensiero, nella vostra opera più che ventennale di portata storica in Italia e nel mondo, noi troviamo oggi la ispirazione sicura e attualissima per l'ascesa sociale del popolo italiano, adesso che con la monarchia si possono finalmente spazzare dalla vita italiana tutte le oscure forze reazionarie e di compromesso con essa alleate.

Sotto la vostra guida, noi riporteremo domani, attraverso il sacrificio e il combattimento, l'Italia al suo onore, alla sua indipendenza, alla sua ascesa.

Il primo rapporto nazionale del Partito Fascista Repubblicano: leva il pensiero ai caduti del Fascismo repubblicano sui fronti di guerra, nelle piazze delle città e dei borghi, nelle „foibe" dell'Istria e della Dalmazia, che si aggiungono alla schiera dei martiri della Rivoluzione, alla falange di tutti i morti per l'Italia; addita nella continuazione della guerra a fianco della Germania e del Giappone fino alla vittoria finale e nella rapida ricostituzione delle Forze Armate destinate a operare accanto ai valorosi soldati dal Fuehrer le mete che sovrastano a qualunque altra in importanza e urgenza.

Prende atto dei decreti istitutivi dei Tribunali straordinari, nei quali gli uomini del Partito porteranno intransigente volontà di esemplare giustizia; e, ispirandosi alle fonti e alle realizzazioni mussoliniane, enuncia le seguenti direttive programmatiche per l'azione del Partito:

In materia costituzionale ed interna

1. Sia convocata la Costituente, potere sovrano, di origine popolare, che dichiari la decadenza della Monarchia, condanni solennemente l'ultimo re traditore e fuggiasco, proclami la Repubblica Sociale e ne nomini il Capo.
2. La Costituente è composta dei rappresentanti di tutte le associazioni sindacali e di tutte le circoscrizioni amministrative, comprendendone i rappresentanti delle provincie invase, attraverso le Delegazioni degli sfollati e dei rifugiati sul suolo libero; comprende altresì le rappresentanze dei combattenti e dei prigionieri di guerra attraverso il rimpatrio per minorazione: quelle degli Italiani all'estero; quelle della Magistratura, delle Università e di ogni altro Corpo o Istituto la cui partecipazione contribuisca a fare della Costituente la sintesi di tutti i valori della Nazione.
3. La Costituzione repubblicana dovrà assicurare ai cittadini, soldati, lavoratori e contribuenti, il diritto di controllo e di responsabile critica sugli atti delle pubbliche amministrazioni. Ogni cinque anni il cittadino sarà chiamato a

pronunciarsi sulla nomina del Capo della Repubblica. Nessun cittadino, arrestato in flagrante o fermato per misura preventiva, potrà essere trattenuto oltre i sette giorni, senza un ordine dell'autorità giudiziaria. Tranne in caso di flagranza, anche per le perquisizioni domiciliari occorrerà un ordine dell'autorità giudiziaria. Nell'esercizio delle sue funzioni, la Magistratura agirà con piena indipendenza.

4. La negativa esperienza elettorale già fatta dall'Italia e la esperienza parzialmente negativa di un metodo di nomina troppo rigidamente gerarchico contribuiscono entrambe a una soluzione che concili le opposte esigenze. Un sistema misto – ad esempio, elezione popolare dei rappresentanti alla Camera e nomina dei ministri per parte del Capo della Repubblica e del Governo, e nel Partito elezioni di Fascio, salvo ratifica, e nomina del Direttorio nazionale per parere del DUCE – sembra il più consigliabile.
5. L'organizzazione a cui compete l'educazione del popolo ai problemi politici è unica. Nel Partito, ordine di combattenti e di credenti, deve realizzarsi un organismo di assoluta purezza politica, degno di essere il custode dell'Idea Rivoluzionaria. La sua tessera non è richiesta per alcun impiego o incarico.
6. La religione della Repubblica è la cattolica apostolica romana. Ogni altro culto che non contrasti alle leggi è rispettato.
7. Gli appartenenti alla razza ebraica sono stranieri. Durante questa guerra appartengono a nazionalità nemica.

In politica estera

8. Fine essenziale della politica estera della Repubblica dovrà essere l'unità, l'indipendenza, l'integrità territoriale della Patria nei termini marittimi e alpini segnati dalla natura, dal sacrificio di sangue e dalla Storia; termini minacciati dal nemico con l'invasione e con le promesse di Governo rifugiato a Londra. Altro fine essenziale consisterà nel far riconoscere la necessità dello spazio vitale, indispensabile a un popolo di 45 milioni di abitanti, sopra un'area insufficiente a nutrirlo. Tale politica si adoprerà inoltre per la realizzazione di una „comunità europea" con la federazione di tutte le Nazioni che accettino i seguenti princìpi:
   1. eliminazione dei secolari intrighi britannici dal nostro continente;
   2. abolizione del sistema capitalistico interno e lotta contro le plutocrazie mondiali;
   3. valorizzazione, a beneficio dei popoli europei e di quelli autoctoni, delle risorse naturali dell'Africa, nel rispetto assoluto di quei popoli, in ispecie musulmani, che, come l'Egitto, sono già civilmente e nucleamente organizzati.

In materia sociale

9. Base della Repubblica Sociale e suo oggetto primario è il lavoro manuale, tecnico, intellettuale in ogni sua manifestazione.
10. La proprietà privata, frutto del lavoro e del risparmio individuale, integrazione della personalità umana, è garantita dallo Stato. Essa non deve però diventare disintegratrice della personalità fisica e morale di altri uomini, attraverso lo sfruttamento del loro lavoro.
11. Nell'economia nazionale tutto ciò che, per dimensione o funzione, esce dall'interesse singolo per entrare nell'interesse collettivo, appartiene alla sfera d'azione che è propria dello Stato. I pubblici servizi e, di regola, le fabbricazioni belliche, debbono venir gestiti dallo Stato per mezzo di enti parastatali.
12. In ogni azienda (industriale, privata, parastatale, statale) le rappresentanze dei tecnici e degli operai cooperano intimamente (attraverso una conoscenza diretta della gestione) all'equa fissazione dei salari, nonché all'equa ripartizione degli utili, tra il fondo di riserva, il frutto di capitale azionario e la partecipazione agli utili stessi per parte dei lavoratori. In alcune imprese ciò potrà avvenire con una estensione delle prerogative delle attuali commissioni di fabbrica. In altre, sostituendo i consigli d'amministrazione con consigli di gestione, composti di tecnici e di operai, con un rappresentante dello Stato; in altre, ancora, in forma di cooperativa parasindacale.
13. Nell'agricoltura, l'iniziativa privata del proprietario trova il suo limite là dove l'iniziativa stessa viene a mancare. L'esproprio delle terre incolte e delle aziende mal gestite può portare alla lottizzazione tra braccianti, da trasformare in agricoltori diretti, o alla cui applicazione il Partito e le organizzazioni sindacali stanno imprimendo l'impulso necessario.
14. E' pienamente riconosciuto ai coltivatori diretti, agli artigiani, ai professionisti, agli artisti di dare e di esplicare la propria attività produttiva individuale per famiglie e per nuclei, salvo gli obblighi di consegnare agli ammassi le quantità di prodotti stabilite dalla legge e di sottoporre al controllo le tariffe delle prestazioni.
15. Quello della casa non è soltanto un diritto di proprietà, è un diritto alla proprietà. Il Partito inscrive nel suo programma la creazione di un Ente nazionale per la casa del popolo, il quale, assorbendo l'Istituto esistente ed ampliandone al massimo l'azione, provvede a fornire in proprietà la casa alle famiglie di lavoratori di ogni categoria, mediante diretta costruzione di nuove abitazioni o graduale riscatto di quelle esistenti. In proposito è da affermare il principio generale che l'affitto – una volta rimborsato il capitale pagato nel giusto frutto – costituisce titolo di acquisto. Come primo compito l'Ente risolverà i problemi derivanti dalle distruzioni di guerra con la requisizione e la distribuzione di locali inutilizzati e con costruzioni provvisorie.
16. Il lavoratore è iscritto d'autorità nel Sindacato di categoria senza che ciò impedisca di trasferirsi in altro Sindacato, quando ne abbia i requisiti. I Sinda-

cati convergono in un'unica Confederazione che comprende tutti i lavoratori, i tecnici, i professionisti, con esclusione dei proprietari che non siano dirigenti o tecnici. Essa si denomina Confederazione generale del lavoro, della tecnica e delle arti. I dipendenti dalle imprese industriali dello Stato e dei servizi pubblici formano Sindacati di categoria, come ogni altro lavoratore. Tutte le imponenti provvidenze sociali realizzate dal Regime Fascista in un ventennio restano integre. La Carta del Lavoro ne costituisce, nella sua lettera, la consacrazione, così come ne costituisce, nel suo spirito, il punto di partenza per l'ulteriore cammino.

17. Sulla linea di attualità, il Partito stima indilazionabile un adeguamento salariale per i lavoratori, attraverso l'accordo di minimi nazionali e pronte revisioni locali, e più ancora per il piccolo e medio impiegato, tanto statale che privato. Ma perché il provvedimento non riesca inefficace e alla fine dannoso per tutti, occorre che, con spacci cooperativi, spacci di azienda, estensione di compiti della „Provvida", requisizione dei negozi colpevoli di infrazioni e loro gestione parastatale o cooperativa, si ottenga il risultato di pagare in viveri ai prezzi ufficiali una parte del salario. Solo così si contribuirà alla stabilità dei prezzi e della moneta, e al risanamento del mercato. Quanto al mercato nero si chiede che gli speculatori – al pari dei traditori e dei disfattisti – rientrino nella competenza dei Tribunali straordinari, e siano passibili di pena di morte.
18. Con questo preambolo alla Costituente, il Partito dimostra non soltanto di andare verso il popolo, ma di stare con il popolo. Da parte sua il popolo italiano deve rendersi conto che vi è per esso un solo modo di difendere le sue conquiste di ieri, oggi, domani: ributtare l'invasione schiavista delle plutocrazie anglo – americane, la quale, per mille precisi segni, vuol rendere ancor più angusta e misera la vita degli Italiani. Vi è un solo modo di raggiungere tutte le mete sociali: combattere, lavorare, vincere.

Text: https://it.wikisource.org/wiki/Manifesto_di_Verona [Zugriff: 18.10.2021].

Mussolini: Il discorso della riscossa

Milano, 16 dicembre 1944

Camerati, cari camerati milanesi!

Rinuncio ad ogni preambolo ed entro subito nel vivo della materia del mio discorso.

A sedici mesi di distanza dalla tremenda data della resa a discrezione imposta ed accettata secondo la democratica e criminale formula di Casablanca, la valutazione degli avvenimenti ci pone, ancora una volta, queste domande: Chi ha tradito? Chi ha subito e subisce le conseguenze del tradimento? Non si tratta, intendiamoci bene, di un giudizio in sede di revisione storica, e, meno che mai, in qualsiasi guisa, giustificativa.

È stato tentato da qualche foglio neutrale, ma noi lo respingiamo nella maniera più categorica e per la sostanza e in secondo luogo per la stessa fonte dalla quale proviene. Dunque chi ha tradito? La resa a discrezione annunciata l'8 settembre è stata voluta dalla monarchia, dai circoli di corte, dalle correnti plutocratiche della borghesia italiana, da talune forze clericali, congiunte per l'occasione a quelle massoniche, dagli Stati Maggiori, che non credevano più alla vittoria e facevano capo a Badoglio. Sino dal maggio, e precisamente il 15 maggio, l'ex-re nota in un suo diario, venuto recentemente in nostro possesso, che bisogna ormai „sganciarsi" dall'alleanza con la Germania. Ordinatore della resa, senza l'ombra di un dubbio, l'ex-re; esecutore Badoglio. Ma per arrivare all'8 settembre, bisognava effettuare il 25 luglio, cioè realizzare il colpo di Stato e il trapasso di regime.

La giustificazione della resa, e cioè la impossibilità di più oltre continuare la guerra, veniva smentita quaranta giorni dopo, il 13 ottobre, con la dichiarazione di guerra alla Germania, dichiarazione non soltanto simbolica, perché da allora comincia una collaborazione, sia pure di retrovie e di lavoro, fra l'Italia badogliana e gli Alleati; mentre la flotta, costruita tutta dal fascismo, passata al completo al nemico, operava immediatamente con le flotte nemiche. Non pace, dunque, ma, attraverso la cosiddetta cobelligeranza, prosecuzione della guerra; non pace, ma il territorio tutto della nazione convertito in un immenso campo di battaglia, il che significa in un immenso campo di rovine; non pace, ma prevista partecipazione di navi e truppe italiane alla guerra contro il Giappone.

[...]

Si deve tuttavia riconoscere che i tradimenti dell'estate 1944 ebbero aspetti ancora più obbrobriosi, poiché romeni, bulgari e finnici, dopo avere anch'essi ignominiosamente capitolato, e uno di essi, il bulgaro, senza avere sparato un solo colpo di fucile, hanno nelle ventiquattro ore rovesciato il fronte ed hanno attaccato con tutte le forze mobilitate le unità tedesche, rendendone difficile e sanguinosa la ritirata.

Qui il tradimento è stato perfezionato nella più ripugnante significazione del termine. Il popolo italiano è, quindi, quello che, nel confronto, ha tradito in misura minore e sofferto in misura che non esito a dire sovrumana. Non basta. Bisogna aggiungere che mentre una parte del popolo italiano ha accettato, per incoscienza o stanchezza, la resa, un'altra parte si è immediatamente schierata a fianco della Germania.

Sarà tempo di dire agli italiani, ai camerati tedeschi e ai camerati giapponesi che l'apporto dato dall'Italia repubblicana alla causa comune dal settembre del 1943 in poi, malgrado la temporanea riduzione del territorio della Repubblica, è di gran lunga superiore a quanto comunemente si crede.

Non posso, per evidenti ragioni, scendere a dettagliare le cifre nelle quali si compendia l'apporto complessivo, dal settore economico a quello militare, dato dall'Italia. La nostra collaborazione col Reich in soldati e operai è rappresentata da questo numero: si tratta, alla data del 30 settembre, di ben settecentottantaseimila uomini. Tale dato è incontrovertibile perché di fonte germanica. Bisogna aggiungervi gli ex-internati militari: cioè parecchie centinaia di migliaia di uomini immessi nel processo produttivo tedesco, e molte altre decine di migliaia di italiani che già erano nel Reich, ove andarono negli anni scorsi dall'Italia come liberi lavoratori nelle officine e nei campi. Davanti a questa documentazione, gli italiani che vivono nel territorio della Repubblica Sociale hanno il diritto, finalmente, di alzare la fronte e di esigere che il loro sforzo sia equamente e camerateseamente valutato da tutti i componenti del Tripartito.

Sono di ieri le dichiarazioni di Eden sulle perdite che la Gran Bretagna ha subito per difendere la Grecia. Durante tre anni l'Italia ha inflitto colpi severissimi agli inglesi ed ha, a sua volta, sopportato sacrifici imponenti di beni e di sangue. Non basta. Nel 1945 la partecipazione dell'Italia alla guerra avrà maggiori sviluppi, attraverso il progressivo rafforzamento delle nostre organizzazioni militari, affidate alla sicura fede e alla provata esperienza di quel prode soldato che risponde al nome del maresciallo d'Italia Rodolfo Graziani.

[...]

Oso credere che gli italiani di qualsiasi opinione saranno felici il giorno in cui tutte le Forze Armate della Repubblica saranno raccolte in un solo organismo e ci sarà una sola Polizia, l'uno e l'altra con articolazioni secondo le funzioni, entrambi intimamente viventi nel clima e nello spirito del fascismo e della Repubblica, poiché in una guerra come l'attuale, che ha assunto un carattere di guerra „politica“, la politicità è una parola vuota di senso ed in ogni caso superata.

Un conto è la „politica“, cioè l'adesione convinta e fanatica all'idea per cui si scende in campo, e un conto è un'attività politica, che il soldato ligio al suo dovere e alla consegna non ha nemmeno il tempo di esplicare, poiché la sua politica deve essere la preparazione al combattimento e l'esempio ai suoi gregari in ogni evento di pace e di guerra.

Il giorno 15 settembre il Partito Nazionale Fascista diventava il Partito Fascista Repubblicano. Non mancarono allora elementi malati di opportunismo o forse in stato di confusione mentale, che si domandarono se non sarebbe stato più furbesco eliminare la parola „fascismo", per mettere esclusivamente l'accento sulla parola „Repubblica". Respinsi allora, come respingerei oggi, questo suggerimento inutile e vile.

Sarebbe stato errore e viltà ammainare la nostra bandiera, consacrata da tanto sangue, e fare passare quasi di contrabbando quelle idee che costituiscono oggi la parola d'ordine nella battaglia dei continenti. Trattandosi di un espediente, ne avrebbe avuto i tratti e ci avrebbe squalificato di fronte agli avversari e soprattutto di fronte a noi stessi.

Chiamandoci ancora e sempre fascisti, e consacrandoci alla causa del fascismo, come dal 1919 ad oggi abbiamo fatto e continueremo anche domani a fare, abbiamo dopo gli avvenimenti impresso un nuovo indirizzo all'azione e nel campo particolarmente politico e in quello sociale. Veramente più che di un nuovo indirizzo, bisognerebbe con maggiore esattezza dire: ritorno alle posizioni originarie. È documentato nella storia che il fascismo fu sino al 1927 tendenzialmente repubblicano e sono stati illustrati i motivi per cui l'insurrezione del 1922 risparmiò la monarchia.

Dal punto di vista sociale, il programma del fascismo repubblicano non è che la logica continuazione del programma del 1919: delle realizzazioni degli anni splendidi che vanno dalla Carta del lavoro alla conquista dell'impero. La natura non fa dei salti, e nemmeno l'economia. Bisognava porre le basi con le leggi sindacali e gli organismi corporativi per compiere il passo, ulteriore della socializzazione. Sin dalla prima seduta del Consiglio dei ministri del 27 settembre 1943 veniva da me dichiarato che „la Repubblica sarebbe stata unitaria nel campo politico e decentrata in quello amministrativo e che avrebbe avuto un pronunciatissimo contenuto sociale, tale da risolvere la questione sociale almeno nei suoi aspetti più stridenti, tale cioè da stabilire il posto, la funzione, la responsabilità del lavoro in una società nazionale veramente moderna".

[...]

Ora la Costituente non è stata convocata. Questo postulato non è stato sin qui realizzato e si può dire che sarà realizzato soltanto a guerra conclusa. Vi dico con la massima schiettezza che ho trovato superfluo convocare una Costituente quando il territorio della Repubblica, dato lo sviluppo delle operazioni militari, non poteva in alcun modo considerarsi definitivo. Mi sembrava prematuro creare un vero e proprio Stato di diritto nella pienezza di tutti i suoi istituti, quando non c'erano Forze Armate che lo sostenessero. Uno Stato che non dispone di Forze Armate è tutto, fuorché uno Stato.

Fu detto nel manifesto che nessun cittadino può essere trattenuto oltre i sette giorni senza un ordine dell'Autorità giudiziaria. Ciò non è sempre accaduto. Le ragioni sono da ricercarsi nella pluralità degli organi di Polizia nostri e alleati e nell'azione dei fuori legge, che hanno fatto scivolare questi problemi sul piano della guerra civile a base di rappresaglie e contro-rappresaglie. Su taluni episodi si è scatenata la speculazione dell'antifascismo, calcando le tinte e facendo le solite generalizzazioni. Debbo dichiarare nel modo più esplicito che taluni metodi mi ripugnano profondamente, anche se episodici. Lo Stato, in quanto tale, non può adottare metodi che lo degradano. Da secoli si parla della legge del taglione. Ebbene, è una legge, non un arbitrio più o meno personale.

Mazzini, l'inflessibile apostolo dell'idea repubblicana, mandò agli albori della Repubblica romana nel 1849 un commissario ad Ancona per insegnare ai giacobini che era lecito combattere i papalini, ma non ucciderli extra-legge, o prelevare, come si direbbe oggi, le argenterie dalle loro case. Chiunque lo faccia, specie se per avventura avesse la tessera del Partito, merita doppia condanna.

Nessuna severità è in tal caso eccessiva, se si vuole che il Partito, come si legge nel „manifesto di Verona", sia veramente „un ordine di combattenti e di credenti, un organismo di assoluta purezza politica, degno di essere il custode dell'idea rivoluzionaria".

Alta personificazione di questo tipo di fascista fu il camerata Resega, che ricordo oggi e ricordiamo tutti con profonda emozione, nel primo anniversario della sua fine, dovuta a mano nemica.

Poiché attraverso la costituzione delle brigate nere il Partito sta diventando un „ordine di combattenti", il postulato di Verona ha il carattere di un impegno dogmatico e sacro. Nello stesso articolo 5, stabilendo che per nessun impiego o incarico viene richiesta la tessera del Partito, si dava soluzione al problema che chiamerò di collaborazione di altri elementi sul piano della Repubblica. Nel mio telegramma in data 10 marzo XXII ai capi delle provincie, tale formula veniva ripresa e meglio precisata. Con ciò ogni discussione sul problema della pluralità dei partiti appare del tutto inattuale.

[...]

A un dato momento della evoluzione storica italiana può essere feconda di risultati, accanto al Partito unico e cioè responsabile della direzione globale dello Stato, la presenza di altri gruppi, che, come dice all'articolo tre il „manifesto di Verona", esercitino il diritto di controllo e di responsabile critica sugli atti della pubblica amministrazione. Gruppi che, partendo dall'accettazione leale, integrale e senza riserve del trinomio Italia, Repubblica, socializzazione, abbiano la responsabilità di esaminare i provvedimenti del Governo e degli enti locali, di controllare i metodi di applicazione dei provvedimenti stessi e le persone che sono investite di cariche pubbliche e che devono rispondere al cittadino, nella sua qualità di soldato-lavoratore contribuente, del loro operato.

L'assemblea di Verona fissava al numero otto i suoi postulati di politica estera. Veniva solennemente dichiarato che il fine essenziale della politica estera della Repubblica è „l'unità, l'indipendenza, l'integrità territoriale della patria nei termini marittimi e alpini segnati dalla natura, dal sacrificio di sangue e dalla storia".

Quanto all'unità territoriale, io mi rifiuto, conoscendo la Sicilia e i fratelli siciliani, di prendere sul serio i cosiddetti conati separatistici di spregevoli mercenari del nemico. Può darsi che questo separatismo abbia un altro motivo: che i fratelli siciliani vogliano separarsi dall'Italia di Bonomi per ricongiungersi con l'Italia repubblicana.

È mia profonda convinzione che, al di là di tutte le lotte e liquidato il criminoso fenomeno dei fuorilegge, l'unità morale degli italiani di domani sarà infinitamente più forte di quella di ieri, perché cementata da eccezionali sofferenze, che non hanno risparmiato una sola famiglia. E quando attraverso l'unità morale l'anima di un popolo è salva, è salva anche la sua integrità territoriale e la sua indipendenza politica.

[...]

La socializzazione fascista è la soluzione logica e razionale che evita da un lato la burocratizzazione dell'economia attraverso il totalitarismo di Stato e supera l'individualismo dell'economia liberale, che fu un efficace strumento di progresso agli esordi dell'economia capitalistica, ma oggi è da considerarsi non più in fase con le nuove esigenze di carattere „sociale" delle comunità nazionali.

Attraverso la socializzazione i migliori elementi tratti dalle categorie lavoratrici faranno le loro prove. Io sono deciso a proseguire in questa direzione.

Due settori ho affidato alle categorie operaie: quello delle amministrazioni locali e quello alimentare. Tali settori, importantissimi specie nelle circostanze attuali, sono ormai completamente nelle mani degli operai. Essi devono mostrare, e spero mostreranno, la loro preparazione specifica e la loro coscienza civica.

Come vedete, qualche cosa si è fatto durante questi dodici mesi, in mezzo a difficoltà incredibili e crescenti, dovute alle circostanze obiettive della guerra e alla opposizione sorda degli elementi venduti al nemico e all'abulia morale che gli avvenimenti hanno provocato in molti strati del popolo.

In questi ultimissimi tempi la situazione è migliorata. Gli attendisti, coloro cioè che aspettavano gli anglo-americani, sono in diminuzione. Ciò che accade nell'Italia di Bonomi li ha delusi. Tutto ciò che gli anglo-americani promisero, si è appalesato un miserabile espediente propagandistico.

Credo di essere nel vero se affermo che le popolazioni della valle del Po non solo non desiderano, ma deprecano l'arrivo degli anglosassoni, e non vogliono saperne di un governo, che, pur avendo alla vicepresidenza un Togliatti, riporterebbe a nord le forze reazionarie, plutocratiche e dinastiche, queste ultime oramai palesemente protette dall'Inghilterra.

Quanto ridicoli quei repubblicani che non vogliono la Repubblica perché proclamata da Mussolini e potrebbero soggiacere alla monarchia voluta da Churchill. Il che dimostra in maniera irrefutabile che la monarchia dei Savoia serve la politica della Gran Bretagna, non quella dell'Italia!

Non c'è dubbio che la caduta di Roma è una data culminante nella storia della guerra. Il generale Alexander stesso ha dichiarato che era necessaria alla vigilia dello sbarco in Francia una vittoria che fosse legata ad un grande nome, e non vi è nome più grande e universale di Roma; che fosse creata, quindi, una incoraggiante atmosfera.

Difatti, gli anglo-americani entrano in Roma il 5 giugno; all'indomani, 6, i primi reparti alleati sbarcano sulla costa di Normandia, tra i fiumi Vire e Orne. I mesi successivi sono stati veramente duri, su tutti i fronti dove i soldati del Reich erano e sono impegnati.

La Germania ha chiamato in linea tutte le riserve umane, con la mobilitazione totale affidata a Goebbels, e con la creazione della „Volkssturm". Solo un popolo come il germanico, schierato unanime attorno al Führer, poteva reggere a tale enorme pressione; solo un Esercito come quello nazionalsocialista poteva rapidamente superare la crisi del 20 luglio e continuare a battersi ai quattro punti cardinali con eccezionale tenacia e valore, secondo le stesse testimonianze del nemico.

Vi è stato un periodo in cui la conquista di Parigi e Bruxelles, la resa a discrezione della Romania, della Finlandia, della Bulgaria hanno dato motivo a un movimento euforico tale che, secondo corrispondenze giornalistiche, si riteneva che il prossimo Natale la guerra sarebbe stata praticamente finita, con l'entrata trionfale degli Alleati a Berlino.

Nel periodo di tale euforia venivano svalutate e dileggiate le nuove armi tedesche, impropriamente chiamate „segrete". Molti hanno creduto che grazie all'impiego di tali armi, a un certo punto, premendo un bottone, la guerra sarebbe finita di colpo. Questo miracolismo è ingenuo quando non sia doloso. Non si tratta di armi segrete, ma di „armi nuove", che, è lapalissiano il dirlo, sono segrete sino a quando non vengono impiegate in combattimento. Che tali armi esistano, lo sanno per amara constatazione gli inglesi; che le prime saranno seguite da altre, lo posso con cognizione di causa affermare; che esse siano tali da ristabilire l'equilibrio e successivamente la ripresa della iniziativa in mani germaniche, è nel limite delle umane previsioni quasi sicuro e anche non lontano.

Niente di più comprensibile delle impazienze, dopo cinque anni di guerra, ma si tratta di ordigni nei quali scienza, tecnica, esperienza, addestramento di singoli e di reparti devono procedere di conserva. Certo è che la serie delle sorprese non è finita; e che migliaia di scienziati germanici lavorano giorno e notte per aumentare il potenziale bellico della Germania.

Nel frattempo la resistenza tedesca diventa sempre più forte e molte illusioni coltivate dalla propaganda nemica sono cadute. Nessuna incrinatura nel morale del popolo tedesco, pienamente consapevole che è in gioco la sua esistenza fisica e il suo futuro come razza; nessun accenno di rivolta e nemmeno di agitazione fra i milioni e milioni di lavoratori stranieri, malgrado gli insistenti appelli e proclami del generalissimo americano. E indice eloquentissimo dello spirito della nazione è la percentuale dei volontari dell'ultima leva, che raggiunge la quasi totalità della classe. La Germania è in grado di resistere e di determinare il fallimento dei piani nemici.

Minimizzare la perdita di territori, conquistati e tenuti a prezzo di sangue, non è una tattica intelligente, ma lo scopo della guerra non è la conquista o la conservazione dei territori, bensì la distruzione delle forze nemiche, cioè la resa e quindi la cessazione delle ostilità.

Ora le Forze Armate tedesche non solo non sono distrutte, ma sono in una fase di crescente sviluppo e potenza.

Se si prende in esame la situazione dal punto di vista politico, sono maturati, in questo ultimo periodo del 1944, eventi e stati d'animo interessanti.

Pur non esagerando, si può osservare che la situazione politica non è oggi favorevole agli Alleati.

Prima di tutto in America, come in Inghilterra, vi sono correnti contrarie alla richiesta di resa a discrezione. La formula di Casablanca significa la morte di milioni di giovani, poiché prolunga indefinitamente la guerra; popoli come il tedesco e il giapponese non si consegneranno mai mani e piedi legati al nemico, il quale non nasconde i suoi piani di totale annientamento dei paesi del Tripartito.

Ecco perché Churchill ha dovuto sottoporre a doccia fredda i suoi connazionali surriscaldati e prorogare la fine del conflitto all'estate del 1945 per l'Europa e al 1947 per il Giappone. Un giorno un ambasciatore sovietico a Roma, Potemkin, mi disse: „La prima guerra mondiale bolscevizzò la Russia, la seconda bolscevizzerà l'Europa". Questa profezia non si avvererà, ma se ciò accadesse, anche questa responsabilità ricadrebbe in primo luogo sulla Gran Bretagna.

[...]

Che cosa sia la volontà e l'anima del Giappone è dimostrato dai volontari della morte. Non sono decine, sono decine di migliaia di giovani che hanno come consegna questa: „Ogni apparecchio una nave nemica". E lo provano. Davanti a questa sovrumanamente eroica decisione, si comprende l'atteggiamento di taluni circoli americani, che si domandano se non sarebbe stato meglio per gli statunitensi che Roosevelt avesse tenuto fede alla promessa da lui fatta alle madri americane che nessun soldato sarebbe andato a combattere e a morire oltremare. Egli ha mentito, come è nel costume di tutte le democrazie.

È per noi, italiani della Repubblica, motivo di orgoglio avere a fianco come camerati fedeli e comprensivi i soldati, i marinai, gli aviatori del Tenno, che colle loro gesta s'impongono all'ammirazione del mondo.

Ora io vi domando: la buona semente degli italiani, degli italiani sani, i migliori, che considerano la morte per la patria come l'eternità della vita, sarebbe dunque spenta? *(La folla grida: „No! No!").* Ebbene, nella guerra scorsa non vi fu un aviatore che non riuscendo ad abbattere con le armi l'aeroplano nemico, vi si precipitò contro, cadendo insieme con lui? Non ricordate voi questo nome? Era un umile sergente: Dall'Oro.

Nel 1935, quando l'Inghilterra voleva soffocarci nel nostro mare e io raccolsi il suo guanto di sfida *(la folla si leva in piedi con un grido unanime di esaltazione: „Duce! Duce! Duce!")* e feci passare ben quattrocentomila legionari sotto le navi di Sua Maestà britannica, ancorate nei porti del Mediterraneo, allora si costituirono in

Italia, a Roma, le squadriglie della morte. Vi devo dire, per la verità, che il primo della lista era il comandante delle forze aeree. Ebbene, se domani fosse necessario ricostituire queste squadriglie, se fosse necessario mostrare che nelle nostre vene circola ancora il sangue dei legionari di Roma, il mio appello alla nazione cadrebbe forse nel vuoto? *(La folla risponde: „No!")*.

Noi vogliamo difendere, con le unghie e coi denti, la valle del Po *(grida: „Sì!")*; noi vogliamo che la valle del Po resti repubblicana in attesa che tutta l'Italia sia repubblicana. *(Grida entusiastiche: „Sì! Tutta!")*. Il giorno in cui tutta la valle del Po fosse contaminata dal nemico, il destino dell'intera nazione sarebbe compromesso; ma io sento, io vedo, che domani sorgerebbe una forma di organizzazione irresistibile ed armata, che renderebbe praticamente la vita impossibile agli invasori. Faremmo una sola Atene di tutta la valle del Po. *(La folla prorompe in grida unanimi di consenso. Si grida: „Sì! Sì!")*.

Da quanto vi ho detto, balza evidente che non solo la coalizione nemica non ha vinto, ma che non vincerà. La mostruosa alleanza fra plutocrazia e bolscevismo ha potuto perpetrare la sua guerra barbarica come la esecuzione di un enorme delitto, che ha colpito folle di innocenti e distrutto ciò che la civiltà europea aveva creato in venti secoli. Ma non riuscirà ad annientare con la sua tenebra lo spirito eterno che tali monumenti innalzò.

La nostra fede assoluta nella vittoria non poggia su motivi di carattere soggettivo o sentimentale, ma su elementi positivi e determinanti. Se dubitassimo della nostra vittoria, dovremmo dubitare dell'esistenza di Colui che regola, secondo giustizia, le sorti degli uomini.

Quando noi come soldati della Repubblica riprenderemo contatto con gli italiani di oltre Appennino, avremo la grata sorpresa di trovare più fascismo di quanto ne abbiamo lasciato. La delusione, la miseria, l'abbiezione politica e morale esplode non solo nella vecchia frase „si stava meglio", con quel che segue, ma nella rivolta che da Palermo a Catania, a Otranto, a Roma stessa serpeggia in ogni parte dell'Italia „liberata".

Il popolo italiano al sud dell'Appennino ha l'animo pieno di cocenti nostalgie. L'oppressione nemica da una parte e la persecuzione bestiale del Governo dall'altra non fanno che dare alimento al movimento del fascismo. L'impresa di cancellarne i simboli esteriori fu facile; quella di sopprimerne l'idea, impossibile. *(La folla grida: „Mai!")*.

I sei partiti antifascisti si affannano a proclamare che il fascismo è morto, perché lo sentono vivo. Milioni di italiani confrontano ieri e oggi; ieri, quando la bandiera della patria sventolava dalle Alpi all'equatore somalo e l'italiano era uno dei popoli più rispettati della terra.

Non v'è italiano che non senta balzare il cuore nel petto nell'udire un nome africano, il suono di un inno che accompagnò le legioni dal Mediterraneo al Mar Rosso, alla vista di un casco coloniale. Sono milioni di italiani che dal 1919 al 1939 hanno vissuto quella che si può definire l'epopea della patria. Questi italiani esistono ancora, soffrono e credono ancora e sono disposti a serrare i ranghi per riprendere a marciare, onde riconquistare quanto fu perduto ed è oggi presidiato fra le dune libiche e le ambe etiopiche da migliaia e migliaia di caduti, il fiore di innumerevoli famiglie italiane, che non hanno dimenticato, né possono dimenticare.

Già si notano i segni annunciatori della ripresa, qui, soprattutto in questa Milano antesignana e condottiera, che il nemico ha selvaggiamente colpito, ma non ha minimamente piegato.

Camerati, cari camerati milanesi!

È Milano che deve dare e darà gli uomini, le armi, la volontà e il segnale della riscossa!

Text: https://it.wikisource.org/wiki/Italia_-_16_dicembre_1944,_Discorso_del_%22Lirico%22 [Zugriff: 20.10.2021].

Weiterführende Literatur

Agnoli, Francesco Mario, 2006. *Napoleone e la fine di Venezia*, Rimini: Il Cerchio.

Agnoli, Francesco Mario, 1998. *Napoleone e le Pasque Veronesi. Quando Verona insorse contro Napoleone 17–25 aprile 1797,* Rimini: il Cerchio.

Arendt, Hannah, 2008. *Eichmann in Jerusalem. Ein Bericht von der Banalität des Bösen*, München: Piper.

Baer, George W., 1970. *La guerra italo-etiopica*, Bari: Laterza.

Balbo, Italo, 1934. *La centuria alata,* Milano: Mondadori.

Benuzzi, Felice, 1947. *Fuga sul Kenya*, Milano: Mondadori.

Bosworth, Richard J. B., 2005. *Mussolini. Un dittatore italiano*, Milano: Mondadori.

Bottai, Giuseppe, 2008. *Vent'anni e un giorno*, Milano: Rizzoli.

Brumlik, Micha, 2020. *Antisemitismus*, Stuttgart: Reclam.

Canali, Mauro, 2004. *Il delitto Matteotti: affarismo e politica nel primo governo Mussolini*, Bologna: Il Mulino.

Cannistraro, Philipp/Sullivan, Brian, 1993. *Margherita Sarfatti. L'altra donna del Duce,* Milano: Mondadori.

Caretti, Stefano, 2004. *Il delitto Matteotti: storia e memoria*, Taranto: Lacaita.

Cartier, Raymond, 2014, *La seconda guerra mondiale*, Milano: Mondadori.

Churchill, Winston S., 2013. *Der Zweite Weltkrieg*, 7. Aufl. Frankfurt a. M.: Fischer.

Coli, Daniela, 2004. *Giovanni Gentile*, Bologna: Il Mulino.

Conti, Davide, 2017. *Gli uomini di Mussolini. Prefetti, questori e criminali di guerra dal fascismo alla Repubblica italiana,* Torino: Einaudi.

Cova, Alessandro, 1995. *Eva e il Führer. Una storia d'amore*, Milano: Mondadori.

Deakin, Frederick, 1963. *Storia della repubblica di Salò*, 2 Bde., Torino: Einaudi.

De Begnac, Yvon, 1950. *Palazzo Venezia. Storia di un regime*, Roma: La Rocca.

De Felice, Renzo, 2019. *Mussolini il Fascista. La conquista del potere 1921–1925,* Torino: Einaudi.

De Felice, Renzo, 2018. *Il fascismo e l'Oriente. Arabi, ebrei e indiani nella politica di Mussolini*, Milano: Luni.

De Felice, Renzo, 2018. *Intellettuali di fronte al fascismo, Saggi e note documentarie,* Milano: Luni.

De Felice, Renzo, 2012. *Le interpretazioni del fascismo*, Bari: Laterza.

De Felice, Renzo, 2008. *Il fascismo. Le interpretazioni dei contemporanei e degli storici*, Bari: Laterza.

De Felice, Renzo, 1997. *Intervista sul fascismo,* Roma/Bari: Laterza.

De Felice, Renzo, 1996. *Mussolini il Duce. Gli anni del consenso (1929–1936)*, Torino: Einaudi.

De Felice, Renzo, 1995. *Rosso e Nero,* Milano: Baldini & Castoldi.

De Felice, Renzo, 1993. *Storia degli ebrei italiani sotto il fascismo*, Torino: Einaudi.

Del Boca, Angelo, 1965. *La guerra di Abissinia 1935–1941,* Torino: Feltrinelli.

Eco, Umberto, 1998. *Vier moralische Schriften,* München/Wien: Hanser.

Ferguson, Niall, 2004. *Empire. How Britain made the modern world*, London: Penguin.

Fest, Joachim, 2010. *Das Gesicht des Dritten Reiches. Profile einer totalitären Herrschaft*, München: Piper.

Fest, Joachim, 2006. *Der Untergang. Hitler und das Ende des Dritten Reiches. Eine historische Skizze*, 6. Aufl. Hamburg: Rowohlt.

Fest, Joachim, 1996. *Obiettivo Hitler. La resistenza al nazismo e l'attentato del 20 luglio 1944,* Milano: Garzanti.

Fest, Joachim, 1973. *Hitler. Eine Biografie*, Frankfurt a. M./Berlin/Wien: Propyläen.

Frassati, Luciana, 1949. *Il destino passa per Varsavia*, Milano: Bompiani.

Franzinelli, Mimmo, 2012. *Il prigioniero di Salò. Mussolini e la tragedia italiana 1943–45*, Milano: Mondadori.

Friedrich, Jorg, 2005. *La Germania bombardata. La popolazione tedesca sotto gli attacchi alleati 1940–1945*, Milano: Mondadori.

Gentile, Giovanni, 2003. *I fondamenti della filosofia del diritto*, Firenze: Le Lettere.

Gervaso, Roberto, 1982. *Claretta*, Milano: Rizzoli.

Goebbels, Joseph, 1948. *Diario intimo*, Milano: Mondadori.

Guerri, Giordano Bruno, 1995. *Fascisti. Gli italiani di Mussolini. Il regime degli italiani*, Milano: Mondadori.

Hastings, Max, 2006. *Apocalisse tedesca*, Milano: Mondadori.

Hegel, G. W. F., 2009. *Grundlinien der Philosophie des Rechts*, Stuttgart: Reclam.

Heinemann, Ulrich, 1990. *Ein konservativer Rebell. Fritz-Dietlof Graf von der Schulenburg und der 20. Juli*, Berlin: Siedler.

Innocenti, Marco, 2001. *Le signore del fascismo. Donne in un mondo di uomini*, Milano: Mursia.

Kraus, Hans-Cristof, 2013. *Versailles und die Folgen. Außenpolitik zwischen Revisionismus und Verständigung 1919–1933*, Berlin/Brandenburg: be.bra.

Krebs, Albert, 1964. *Fritz-Dietlof Graf von der Schulenburg. Zwischen Staatsraison und Hochverrat*, Hamburg: Leibniz.

Lepre, Aurelio, 1995. *Mussolini l'Italiano. Il Duce nel mito e nella* realtà, Milano: Mondadori.

Liddell Hart, Basil H., 2002. *Storia di una sconfitta*, Milano: BUR.

Liddell Hart, Basil H., 1970. *Storia militare della seconda guerra mondiale*, 2 Bde., Milano: Mondadori.

Ludwig, Emil, 2001. *Colloqui con Mussolini*, Milano: Mondadori.

Mack-Smith, Denis, 1981. *Mussolini*, Milano: Rizzoli.

Mattarucco, Tomaso, 2016. *Mussolini und seine Zeit. Betrachtungen über den italienischen Faschismus*, Kiel: Ludwig.

Misch, Rochus, 2008. *Der letzte Zeuge. Ich war Hitlers Telefonist, Kurier und Leibwächter*, München/Zürich: Pendo.

Montanelli, Indro/Nozza, Marco, 1982. *Garibaldi. Ritratto dell'eroe die due mondi*, Milano: Rizzoli.

Montanelli, Indro, 2011. *Storia d'Italia*. Bd. 9: *L'Italia dei notabili, 1861–1900*, Milano: BUR

Montanelli, indro, 2011. *Storia d'Italia*. Bd. 10: *L'Italia di Giolitti*, Milano: BUR.

Montanelli, Indro, 2011. *Storia d'Italia*. Bd. 11: *L'Italia in camicia nera*, Milano: BUR.

Montanelli, Indro, 2011. *Storia d'Italia*. Bd. 12: *L'Italia littoria*, Milano: BUR.

Montanelli, Indro, 2011. *Storia d'Italia*. Bd. 13: *L'Italia della guerra civile*, Milano: BUR.

Montanelli, Indro, 2002. *Soltanto un giornalista. Testimonianza resa a Tiziana Abate*, Milano: Rizzoli.

Parker, Geoffrey, 2005. *Un solo re, un solo impero, Filippo II di Spagna*, Bologna: Il Mulino.

Petacco, Arrigo, 2018. *Faccetta nera. L'illusione coloniale italiana*. Milano: Utet.

Petacco, Arrigo, 2015. *La storia ci ha mentito. Dai misteri della borsa scomparsa di Mussolini alle „armi segrete" di Hitler, le grandi menzogne del Novecento*, Milano: Mondadori.

Petacco, Arrigo, 2013. *Eva e Claretta. Le amanti del diavolo*, Milano: Mondadori.

Petacco, Arrigo, 2013. *Dal Gran Consiglio al Gran Sasso. Una storia da rifare*, Milano: Mondadori.

Petacco, Arrigo, 2012. *Quelli che dissero no. 8 settembre 1943: la scelta degli italiani nei campi di prigionia inglese e americani*, Milano: Mondadori.

Petacco, Arrigo, 2010. *O Roma o morte. 1861–1870, la tormentata conquista dell'unità d'Italia*, Milano: Mondadori.

Petacco, Arrigo, 2010. *L'armata scomparsa. L'avventura degl italiani in Russia*, Milano: Mondadori.

Petacco, Arrigo, 2008. *La strana guerra 1939–1940. Quando Hitler e Stalin erano alleati e Mussolini stava a guardare*, Milano: Mondadori.

Petacco, Arrigo, 2006. *L'uomo della provvidenza. Mussolini, ascesa e caduta di un mito*, Milano: Mondadori.

Petacco, Arrigo, 2018 *Faccetta nera. L'illusione coloniale italiana*, Milano: Mondadori.
Petacco, Arrigo, 1997. *L'archivio segreto di Mussolini*, Milano: Mondadori.
Petacco, Arrigo, 1995. *La nostra guerra 1940–1945*, Milano: Mondadori.
Petacco, Arrigo, 1969. *L'anarchico che venne dall'America. 29 luglio 1900: Umberto I è ucciso a Monza. Da chi? Come? Perché? La prima biografia di Gaetano Bresci*, Milano: Mondadori.
Schieder, Wolfgang, 2014. *Benito Mussolini*, München: Beck.
Saracini, Eugenio, 1977. *Breve storia degli ebrei e dell'antisemitismo*, Milano: Mondadori.
Spinosa, Antonio, 2001. *Churchill. Il nemico degli italiani*, Milano: Mondadori.
Spinosa, Antonio, 1992. *Mussolini. Il fascino di un dittatore*, Milano: Mondadori.
Strachan, Hew, 2009. *Der Erste Weltkrieg*, München: Pantheon.
Schäfer, Peter, 2010. *Geschichte der Juden in der Antike*, 2. Aufl. Tübingen: Mohr Siebeck.
Turi, Gabriele, 2006. *Giovanni Gentile. Una biografia*, Torino: Utet.
Ursc, Simona, 2003. *Margherita Sarfatti. Dal mito del Dux al mito americano*, Venezia: Marsilio.
Vecchiato, Francesco, 2006. L'antinazismo di Werner von der Schulenburg, in: Vecchiato, Francesco/Gargano, Antonella (Hrsg.): *Matthias e Werner von der Schulenburg. La dimensione europea di due aristocratici tedeschi*, Udine: Del Bianco, S. 303–372.
Vecchiato, Francesco, 2006. Scheda biografica di Werner von der Schulenburg, in: Vecchiato, Francesco/Gargano, Antonella (Hrsg.): *Matthias e Werner von der Schulenburg. La dimensione europea di due aristocratici tedeschi*, Udine: Del Bianco, S. 375–405.
Vecchiato, Francesco, 1995. Venezia e i Lanzichenecchi. La viltà di Zaccaria Sagredo, in: Molesti, Romano (Hrsg.): *Tra economia e storia. Studi in memoria di Gino Barbieri*, Pisa: Ipem, S. 469–495.
Veronese, Alessandra, 2013. *Gli ebrei nel medioevo*, Milano: Jouvence.
Zöllner, Reinhard, 2013. *Geschichte Japans. Von 1800 bis zur Gegenwart*, 3. Aufl. Paderborn: Schöningh.

Personenregister